誇り高き平社員人生のすすめ

小磯彰夫
富士銀行行員

花伝社

誇り高き平社員人生のすすめ◆もくじ

はじめに──サラリーマン生活四〇年

一章　誇り高き、わが平社員人生を語る

はじめに――サラリーマン生活四〇年

私はサラリーマンになって今日まで四〇年になる。時がたつのは早いもので、振り返ってみればつい最近就職したような感じだ。この間ひとつの会社でよく我慢してきたものだと、我ながら感心する。もちろん私だけではなく、同期に入社した者や先輩後輩のほとんども辞めることなく勤め続けてきており、会社が人生そのもののような思いだ。

現在五八歳を過ぎても私はそのまま同じ会社で働いている。しかしほとんどの人達は五二、三歳になると辞めさせられて、上場企業や中小企業、会社関連の企業で第二の職場人生を送っている。辞める二、三年前からすでに出向させられるから、実質は五〇歳で第一の職場人生は終了することになる。

私の勤める会社では六〇歳が定年だが、そこまで勤めている人は病気の人や労務関係の人と、会社に逆らい続けた人、人事部の第二の職場人生の誘いを拒否した人などごく少数にすぎない。私は会社に逆らい続けた人間として残っているが、地位は平社員で給料は五四歳の六割、仕事は一般社員の補佐役である。

一九六〇年、昭和三五年に高校を卒業して私は富士銀行に就職した。日本中が騒然とした時代である。石炭から石油へエネルギーの転換をするために炭鉱を閉鎖しようとして、三井三池炭鉱での大量首切りに反対する労働争議が起きていた。また日米安全保障条約改定に反対する大勢の国民が国会デモをくりかえしており、どちらの現場にも高校の先輩や友人達が参加していた。

しかし最後は政府や大企業の方針を崩せないままいずれも決着してしまい、反対運動にかかわってきた多くの労働者達や国民に、敗北感や虚脱感がおおっていた。そんな時に政府が出したのが「所得倍増計画」「高度経済成長政策」と、それを実現するために働くことに喜びを感じる「期待される人間像」である。人々は終身雇用と年功序列に物質生活の安定と人並みの出世の実現を夢みて、政府と大企業が決める道筋にしたがって黙々と働きだしたのだ。

その後、ドルショック、オイルショック、円高とさまざまな経済危機を、「企業戦士」とか「エコノミックアニマル」とか言われながら、ひとつひとつ乗り越えてきた。そして高度経済成長期から三〇年近くでついにアメリカに追いつき、世界第二位の経済力を持つまでになったわけである。

ところがその喜びもつかの間、「バブル経済」の崩壊で闘い取った栄華も一瞬のうちに消えてしまった。

満たされる物質生活

私がサラリーマンになった当時は車を持つことなど考えられなかったし、電話とテレビと冷蔵庫と電気洗濯機をどうにか家に備えて、近代的な庶民生活のなんたるかを家族でしみじみ味わったものである。背広も吊るしやイージーオーダーはなく、ほとんどのサラリーマンは二、三万円程度の注文服を月賦で買っていたが、私が入った銀行では新入社員に背広を貸しあたえてくれた。靴も月賦であった。高卒の私の初任給は一万円である。

今では一家に車やテレビ、電話、冷蔵庫が二台、三台とあり、背広も三万円程度で間に合い、靴だってブランド品を気安く履いている時代だ。食べ物も三〇〇円の立ち食いソバから一万円近くのフランス料理までそろい、サラリーマンの所得で食べられる。食べ物を満足するまで食べると、女性達は痩せるためにお金をかけるようになった。かつては考えられないことだ。

一流大学、一流会社に入らないと子どもの将来が安定しないと思う親心は今も昔もたいして変わらない。私の学校時代は経済的に苦しい家が多かったから、本人の学力があってもせいぜい高校まで行けばあとは就職であった。しかし現在では子どもにかける教育費が極端に増え、大学教育は当たり前である。結婚式にかける費用も五〇〇万円にもなっている。

サラリーマンの住宅取得は高度経済成長の申し子と言ってもいいと思う。三五年前にはごく一部のサラリーマンしか自分の家を持つことが出来なく、貯めた自分のお金を元手にして親や兄弟、親戚から借り、それでも足らない分は大工さんから借りてやっと建てていた。

その後サラリーマンの給料が安定的に上昇するようになると、住宅ローン制度ができた。つまり今勤めている会社に定年までいることを前提にして、昇進による収入の増加や退職金まであてこんだ会社の社員住宅融資と住宅金融公庫、銀行からの借り入れで自分の家を持てるようになったのだ
まさに家康の言葉のように「人生は重荷を背負いて歩むがごとし」で、生涯ひとつの会社から足を抜けだせない状態を作りあげることになるわけである。

このように三〇年の歳月はサラリーマンだけではなく日本人の物質生活を大変貌させてきた。また誰でも海外旅行に気安く行けるようにもなった。初任給はこの間に一五倍程度になっているが、ドル換算では約五〇倍であるから外国人から見れば日本人は「成金」に写るのではないだろうか。

なにしろ女性達はブランド品を買いあさりに香港やフランス、イタリアなどに気軽に出かけており、日本の企業はバブル期にはアメリカやヨーロッパの土地、建物、企業など資産価値があると思われる物を次から次へと買いあさった。

国民やサラリーマンが日常生活を送るには物質的に困ることはほとんどなくなる一方で、日本の会社が金にまかせて海外でやることが、様々な国際間のトラブルの原因になるようになっ

てきた。バブル経済が崩壊した現在ではサラリーマン達はガツガツ働く必要性は薄れ、企業は海外で金まかせになんでもやれる時代は過ぎたのである。

目標管理と競争手法の徹底

私は銀行に勤めれば静かな環境で知的な仕事にたずさわり、時間がきたら帰れるものだと思っていたが、実態はまるっきり反対であった。事務機械と電話の鳴る音、来店するお客との話し声で騒がしく、私の最初の仕事は硬貨の処理など力仕事が主だった。

仕事が終わるのは夜の七時前後だったが、勘定が合わない時は合うまで続いた。年末は集金が終わるのが午前一時過ぎになり、元旦の日が明けるまで徹夜で仕事をした。そんな仕事をしながらも私を含めて、夜には大学に通う者も少なくなかった。

若い男女が集う場は従業員組合の下部組織である青婦人部であった。職場のさまざまな問題を話し合い、いろいろなレクリエーションを組織し、ほかの支店との交流も活発だった。私も先輩からの順送りで部長になり、何年かすると組合の役員になった。クラブ活動も活発だった。

仕事に厳しさが求められはじめたのは高度経済成長政策が軌道に乗り、「資本取り引きの自由化」を目前にした一九六〇年代後半からである。政府は銀行にたいして貯蓄性向が高くコストのかからない国民大衆の金をかき集めて、基幹産業の大企業に安く貸して国際競争力をつけさせるよう、三年間に経営の転換をするように求めた。高度経済成長による所得倍増計画によって、個人の貯えが高まっていたことが背景になっていた。

銀行はこの間に儲からない支店を何十カ店と廃止､それに引き換え住宅地の支店を増やした。コンピューターでの事務処理を推進させて、それに引き換えて事務人員を三割減らした。

従来までは月末の預金の残高目標を達成すれば支店の役割を終えていたのが、個人預金の毎日の数字と積み立て預金や公共料金の自動支払いなど、個人の取り引きを取り込むためのさまざまな施策と目標が本部から下りてきた。そしてそれを全行員に割り当てたのである。

時間外労働や経費などが予算制度化されるとともに、収益と融資と預金の増強を二、三〇の支店同士で競わせ、上位一割の支店長を頭取表彰した。

また従業員組合や青婦人部の役員は支店長が陰で指名するようになり、有給休暇の取得制限や退職要請が職制を通じておこなわれた。

一九七〇年に入ると、アメリカはベトナム戦争で大量発行して世界市場にだぶついていたドル価格を一気に下落させて、国内経済を立て直す政策を実施した。このことで戦後二〇年以上固定されていた円が変動相場制度に移行し、一気に二割近く上がった。時を同じくして中東石油産出国が原油価格を最高四倍まで上げた。この二つの出来事は日本経済に前代未聞のショックを与える。

「列島改造」政策で土地や住宅価格がすでに急騰していた上、商社や石油会社を先頭にして、さまざまな企業があらゆる生活物資を投機的な価格に暴騰させた。一方、貿易では輸出製品価格の高騰と円高となって、日本企業の国際競争力を極端に弱めたのである。

この状態を抜け出すために輸出産業を中心にしてとられたのが「減量経営」である。銀行や一部の大企業ですでにおこなわれていた目標管理制度と企業内競争手法を徹底し、経営体質を強化することになったのである。

その時々に多少の調整をしながらも、バブル経済期まで一五年以上この体制が続いたのであるが、ここでおきたのがサラリーマン達のサービス残業での仕事漬けの日々であった。

仕事漬けの傷痕

渉外マンである私はいつも上司から精神的なプレッシャーを掛けられていた。上司は支店長と本部の担当調査役から、支店長は担当の部長代理と常務からプレッシャーを掛けられた。本部は支店に達成できそうもない過大な目標を与え、渉外マンは達成できる可能性のない個人定期の目標を請け負わされた。そして毎日昼と夜に達成状況を追求され、その日の分が達成できないと夜中になっても外交にまわらせられた。

従業員組合は組合員を守るために闘う組織ではなかった。ごく少数の者が自分を守るために居直ったが、圧倒的な従業員はじっと堪えた。本部は絶対権力者としてふるまい、上司達は部下達の生殺与奪の権を握っているかのような乱暴な態度となる。

「親の死に目に会う」以上に重要な個人定期の獲得の仕事のために、部下の親の葬式の日にその部下に出勤の催促の電話を入れる。嫌なら退職する以外ないが、ほとんどの会社が同じような状態であることと、労働市場が閉鎖されている日本では簡単には再就職のあてはない。

一カ月一〇〇時間以上のサービス残業では、朝は七時台から夜は一一時台まで職場に拘束され、平日は近所のカプセルホテル泊まりで、休みの日には家で持ち帰った仕事をするか、一週間の睡眠不足を補うのみである。過労死、自殺、労働災害、精神障害、病気、離婚、不良化する子ども、上司への脅迫と復讐、女子行員や客との不倫、蒸発、盗難となんでもありの銀行員の生活になった。

一日二四時間のうち自分が自由にできる時間が寝る時間だけで、あとは企業に支配されていれば精神の解放などない。このような職場ではサラリーマン達が人間らしい健全な精神を育むことなど、出来るわけはない。むしろ大学教育まで受けて、近代的な教養と考え方を身につけた人間を経営権力の奴隷として生かすために、前近代的な精神構造に改造してしまったのである。

企業は最大限の収益を追求するために従業員の精神生活を貧しくしていった。またこのような職場を要領よく生き延びるために、サラリーマン達は「サラリーマン根性」を育むことになっていった。

「サラリーマン根性」とは

いくらやっても終わることのない仕事と、権力的で暴力的な上司のもとで長い間拘束され、忍従のサラリーマン生活を続けていると、それは体に染み込んでしまい、気質となる。その時々の上司の顔色をうかがったり、上司の考えや態度に自分を合わせる習慣が自然と出る。

しかし自分をおさえて相手に本心から合わせることは出来るものではない。そのためには本音と建て前を使い分けることで取り繕う。上司の前では忙しく働いているふりをしながらも、不在の時は仕事をのんびりとやり、上司のご機嫌が良い時にはうまく仕事の手を抜く。夜の一〇時前に仕事が終わる時には、同僚同士で飲み屋に行きお互いに上司の悪口を言い、愚痴をこぼして慰めあう。

とはいえ職場での仕事と人間関係以外に何もないサラリーマンにとっては、給料と地位が上がることしか人生の目的はない。上司の悪口を言いながらも、互いに上司に可愛がられる競争をしているのである。仕事ができても上司への忠誠度が低ければ人事評価は落ちるが、仕事は人並みであれば上司の匙加減ひとつで出世するのがサラリーマンの世界である。

同僚にわからないようにして上司への付け届けや家庭内の手伝い、私的なお世話をこまめにおこなう。自分のことに関してもあらゆることを相談するようにする。そして耳にした職場内でのさまざまな情報や、取引先での出来事を常に報告する。

そして自分が課長になって人事の権限を会社から与えられるようになると、自分への忠誠を部下に求め、その度合いで部下の人事評価をする。また仕事上のミスでマイナス評価を取らないために、極力自分の考えや行動を上司へ事前に具申し、内諾を得ておく。もし上司が異論を述べれば上司の意見に従い、なるべく自分の責任を逃れられるようにしておく。

平日はただ寝て食事をするだけのために帰る家庭でも、依存する精神には変わらない。金銭面以外の家庭生活はほとんど妻まかせである。自分の収入明細や住宅ローンの返済、自分の小遣いも妻には知らせず、ぎりぎりの生活費や教育費のみを渡し、金の管理は自分が全てする。家庭生活や子どものこと、地域社会のことの基本的な方向性は言っておくが、具体的には妻にまかせる。そして仕事以外のわずらわしいことに首を突っ込むことは極力さける。

自分にとっての家庭は疲労した心身を休息させるところで、妻は人生のパートナーとしての相談相手や協力者ではなく、家庭生活の役割分担の担い手にすぎない。職場あっての家庭という位置づけで、自分が生活費を稼いでくるかわりに妻が全責任をもって家庭生活を支えるのである。

職場での精神的なストレスはセックスにたいして大きく影響する。休みの日などたまにその気になっても、自分の肉体が充分役割をはたせない。そうなれば妻とのセックスから自然に遠ざかることになる。妻は家庭や地域、子どもの問題など精神的なストレスと、肉体的な欲求不満を抱えることになる。

「サラリーマン根性」は生涯の物質生活を確保するために、経営権力に服従しながら保身する術ではあるが、精神生活の欠かせない家族のなかでは、家庭の人間的な絆を弱める役割しか果たさない。金を与えていれば家族の平和が保てるわけではないのである。

「サラリーマン根性」は自立できない人間が強い者にへつらい、弱い者を見下す貧困な精神が前提になった処世術なのである。

働く目的

私の家や親戚は東京であり、サラリーマンの叔父達は出世についてさほど強い関心を持っているようではなかった。私も学校へ来ていた同級生の就職先のほとんどが大企業であったためか、富士銀行に就職したと言ってもどうというわけではなかった。

しかし銀行に入ってみると私のような気楽な態度で就職した人は少ないことがわかった。特に地方出身者の意識は違っていた。大銀行に入ったことで家族や出身高校、村落の期待は大きく、なるべく高い地位に出世することが「故郷に錦を飾る」ことであった。そのためにならどんなことでもするような迫力があった。東京出身者には「出来れば出世する」程度の意欲しかなく、仕事と私生活をふくめてトータルに満足する生活を望んでいた。

私も同じであった。仕事に関して言えば銀行の社会的な存在意義を感じ、産業経済の調査研究活動を通じてその役割を担うことに喜びを求めた私にとって、出世を人生の第一目標におくことは理解しがたいことだった。しかし地方出身者が圧倒的に多い職場では、上司を含めて私のような考えの行員は少なかった。

また男性の銀行員のほとんどは暗記力がよく、音楽やスポーツ、麻雀など何でも一通りこなせ、人つきあいも要領よくできる「優等生」が多かった。私は暗記力テストは苦手だし、スポーツは登山以外ほとんど何もできない「劣等生」だった。相手に調子よく合わせたり何でもつきあうような人間関係も好かなかった。そんな人々と一緒に仕事をする自分に異質感を抱いた。

人々は人より早い出世を願って同僚と張り合い、本部もそのように行員達を煽っていた。私は人と張り合うことに興味がなく、自分自身との語らいや納得を基準にして職場人生を渡っていた。そのため、多くの人々が似たような考えや行動をしていたのに比べて、私は独自性が強かった。

私的な栄達と高い収入を得ることに働く意義を求めていた周囲の人々は、自分の与えられた仕事にたいして価値を求めることもなく、命じられるまま馬車馬のように働いた。自分の人事評価が上がることであれば、人のプライドを傷つけたり銀行の社会的責務から多少外れたことでも、さほどの罪悪感を感じていないようだった。

また高校卒業の私に銀行が期待している役割は、私が望んでいたような価値のある仕事ではなかった。本部から指示された目的を支店で達成させるための一兵卒役で充分だったのだ。つまり上司から命じられたことを達成することに、働く意義を感じる人材として私は採用されたのである。

それでも銀行に就職してから私の仕事ぶりを役員が見学にきたり、将来は支店長になれると支店長から言われたり、従業員組合の幹部の人から組合活動を誘われたりした。いずれも私にはあまり関心がなかった。

就職時点での私と銀行、周囲の人々との考え方や行動のギャップはついに埋めることが出来ず、私はその後四〇年間にわたり異端者として職場人生を生きることになった。

異端者としての闘い

私は本来おとなしく、自分から目立つような男ではない。満州で三歳で孤児になってから、生きるために人を観察し自分で考えて判断し、行動するということが当たり前になっていたようで、幼児のころから人目を引くことが多かった。人によってはそういう私に強い関心を持ってくれて可愛がってくれた。しかし父や義母、親戚の人々は私の理解に苦しんだようで、へそ曲がりの困った子どもとして叱咤されながら育てられた。そのこともまた私が物事を批判的に摂取したり、深く自問自答する習慣を身につける条件にもなったのである。

銀行に入って三年目に私は夜間大学に行った。経済もふくめ哲学や心理学など人間の存在にかかわることをさまざまな角度から知りたかった。仕事の合間を見つけて四年間通ったが、年齢に関係なくさまざまな友人や、唯物論とも出会った。

あるとき職場の人が同じ銀行に勤める共産党員を私に紹介した。その人は何人かで勉強をしているけれど一緒にやらないかと誘ってきた。銀行にそのような組織があるとは知らなかった私は、物珍しさあって勉強会に加わった。

私への入党工作がおこなわれたのはほどなくしてからだった。「一人一人の能力が花開く、自由で搾取のない共産主義社会」の建設に加わる意義は認めても、秘密の多い組織活動と攻撃的な論調に不安と違和感を感じていた。そのため入りたいとは思っていなかったが、説得者の話と情に追いつめられ入党を決意した。

新しい支店に転勤して数カ月後、現金を間違えて上司にこっぴどく怒られた窓口の女性を私がかばった。そのことで私が現金を盗もうとしたとして副支店長から厳しく詰問させられ、人事部に「始末書」まで書かされた。上司の指導こそ問われるべきであるのに何もないままであった。

この事件がきっかけになって私は真剣に共産党と組合活動に力を入れることになったのである。私の働く支店では従業員の人権は無いと同然であった。その後も私が疑われたように現金事故がおきるたびに犯人を作り上げて、何人もの人を退職に追い込んでいった。共産党の支持勢力を私は急速に増やし、人権を無視する支店長に謝罪を求めるまでに組合活動を活発化させ、その活動がほかの支店にまで影響を及ぼしはじめた。

銀行は中心的な人々をさまざまな支店に転勤をさせ、私を北海道の北見支店という富士銀行最北端の支店に飛ばした。マイナス二〇度以下の気温になる冬になると渉外を担当させられ、支店から南北二キロ以上離れた土地の農家を自転車で回らされることになる。雪まじりの寒風が突然吹きすさび、農地の真ん中で自転車を放置したまま動けなくなった私を、見知らぬ農家の人が助けてくれた。このことで私の富士銀行にたいする臥薪嘗胆の気持が固まった。

同じ時期に富士銀行は二年間で三〇近くの支店の廃止と新設、女性の三割の削減と従業員個人個人の目標管理の徹底がおこなわれはじめた。一気に女性達を辞めさせるために脅かしを加えながら、高い預金の目標を与えて毎日追いつめて外交に出させたり、次々に新しい仕事を与えてミスを責めた。また有給休暇を与えなかったり、私生活に口をはさむなどの嫌がらせが徹底した。従業員組合の役員から銀行経営に批判的な人物を全て排除した。

この三年間で実験した銀行の強権的な人事はバブル経済が崩壊するまで、二〇年以上続くことになる。私も同じ間に転勤する支店ごとに闘うわけであるが、女性達を組織して「支店長無視闘争」をしたり、銀行が指名した組合役員を選挙で落とす「開けてびっくり玉手箱闘争」をおこなった。

その一〇年後に富士銀行が創業百周年目になると、今度は男性達が過大な目標に縛られ徹底的に追いつめられるようになった。男性達を組織して闘おうとしたが、ほとんどの人が上司の脅かしに腰が引けてしまった。男性達に闘う勇気を奮い立たすことの難しさはそれまでにも体験していたが、今度は自分自身がおかしくなってしまう恐れがあった。

私は有志数名とともに「富士銀行創業百周年記念大運動『躍進富士スタート大作戦』を監視する会」をつくり、銀行内だけでなく大蔵省や日銀、国会議員、マスコミなどにたいして「大運動」の過酷さを告発し、規制するように訴えた。また私の活動を批判する共産党から離れた。「大運動」が終わると「労働基準法を広め学び守らせる会」を結成し、労働基準局に是正申告したり株主総会に出席する。また従業員組合執行部に立候補して組合員に訴えた。

しかし銀行はいっこうに改める気配がなく、従業員組合と一緒に私達を敵視した。組合員達は私達への接触を避け、遠くから期待の声を寄せるだけであった。改善しはじめたのは新卒の行員達が非常識な職場人生に驚き、一年以内で大量に辞めてからである。

このような職場で私は女性の「不当配転」と「過労死」に関した裁判で、証人として法廷に立つことにもなった。

バブル期から現在にいたっては、『富士銀行行員の記録』『銀行はどうなっているか』『日本的経営の崩壊』など七冊あまり本で銀行経営の問題点を告発し、改善を訴えてきた。また解雇の危険性を防止する意味で企業内組合から一人、闘う産業別組合に移った。

銀行はバブル時代におこなった経営による自らの破綻を目前にしてはじめて、独善的な人事施策の非を認めることになった。しかしこの間、身を挺して問題点の改善を訴えてきた私にたいして、警戒を解こうとはしていないのである。

戦後サラリーマン、世代のギャップ

今、日本は目まぐるしく動いている。新聞をよく読むと、過去と未来の狭間に生きているようである。現在のように日本が激動した時代は今から五五年前の、戦争に負けてアメリカ軍に占領された時以来だ。天皇を絶対権力とする国から民主主義の国に転換した時である。

太平洋戦争で兵隊として出兵して戦った人々の多くはもはやなくなり、当時一五歳の少年でも今では七〇歳である。戦後の食うや食わずの生活を知っている人々も、今では六〇歳以上近くになっている。戦後の日本経済を繁栄させた人々の多くは、社会の一線から退いているわけである。

戦争でなくなった家族、自分もいつ死ぬかもしれない日々。食事もろくに食べられない日々、栄養失調と結核で失った兄弟。穴の開いた着たきり雀の衣類、金がなくて銭湯も一週間に一度しか行けない。

このような体験をしてきた人々は、生きることの尊さや平和の大切さ、食べ物のありがたさや着るもの、雨風をしのげる家の貴重さなどを骨身にしみて感じているのである。そして「二度と戦争をしたくない」「食べ物や衣類に困る生活から脱したい」「自分の家を持ち、家族で気兼ねなく暮らしたい」などの思いを抱いて、人々は生活水準を上げるためにがむしゃらに働いてきた。

現在、社会の一線で働いている四〇台のサラリーマンたちは、生まれた時には食べ物や衣類など生活物資が不足なくあり、好き嫌いが認められていた。少年時代になるとマンガ雑誌とテレビ文化に浸った。親たちは住宅ローンで自分の小さな家を買えるようになり、働きづくめで疲れた体を内風呂でゆっくりと癒し、ビールを飲むのが楽しみであった。自動車も手にして家族とドライブをしたり、社内のゴルフコンペに出かけていた。

また子どもには親の苦労をさせないためにと、生涯にわたって中流生活が可能な一流企業に就職させようとする。そのためには一流大学に進学させようとして、自分ががむしゃらに働いてきた体験で、子どもにも頑張らせた。学生時代にスポーツをすることで集団的な上下関係を体験し、体力を鍛えてきた者が、一流企業に就職できた時代でもある。

「減量経営」時代に企業に就職すると、すぐさま仕事漬けの生活が待っていた。親と同じ世代の上司から発破をかけられ、追い立てられるような日々を過ごす。「バブル経済」期には食料難時代を生きてきた人たちから際限のない利益目標を与えられ、一刻一秒を争うように働く。また自分の資産も増やそうとして、株式投資や住宅ローンで大金を借りた。

そしてバブルが崩壊した今、部下とともに顧客に脅され叩かれ、バブルの処理に追われる日々である。その上に自分の年収は下がり、定年の退職金を注ぎ込んでも住宅ローンの返済のメドは立たない。子どもの学費も捻出できない。勤める会社自身もどうなるのかわからない。安定した生活のための一流大学、一流企業志向の人生は破綻してしまったのである。

戦後の日本の経済を立直し支えてきた人々は、内発的な生命のエネルギーで猪突猛進してきたが、企業の中堅として現在働いている人々は、親たちの引いたレールに乗せられ引きづられてきたのである。それだけに人生の挫折感と懐疑心は深く、無気力な思いになっている。

三〇歳前後のサラリーマンたちは少年時代には家にテレビや車が何台かあり、コンピューターゲーム、朝シャン、ブランド志向が当たり前の生活をしてきた。父親は不在で母親の精神的な影響を多く受けている。親たちが趣味とする登山や読書、演歌など人生の苦労を思い出すような趣味より、感覚的なその場かぎりで楽しむ趣味を好む。そして人生はその日その日が楽しければ良いという。仕事はマニュアルに従ってマルとバツで済ます。

バトル競争のために求められる自立

戦後から高度経済成長期、そして現在まで五〇年ほどのサラリーマンの生き方を振り返ってみると、このように極端な違いがあるのである。死や飢餓の恐怖からくる内発的な生命のエネルギーはもはやサラリーマンにはない。企業が従業員に安定した生涯を約束できる幻想を振りまくことも出来なくなった。一方、物質的な富は豊富になり苦労をしなくても生きてゆける時代になった。このような背景から、企業は今までのように従業員を企業総力戦体制で働かせることが、不可能な時代に入っているのだ。

そこでアメリカやイギリスで一五年前におこなわれた自由競争と市場原理の経済社会のありかたを日本にも取り入れ、国民の内発的なエネルギーを喚起しようとしている。優勝劣敗の闘いの結果生じる富の不均衡な配分は、国民一人ひとりの競争心と上昇志向を高め、日本経済を支えるのだと言う。そのためには権力に依存して生きる考えから、国民一人ひとりが自立してバトル競争に挑むようになることが必要だと、政府や企業経営者たちは言っている。

企業の経営陣や上司が判断して、従業員たちは言われるがままに総動員で目標を貫徹する。従業員の命と生活をすべて捧げさせ、そのかわりに企業が生涯の生活の面倒をみる。このような体験を三〇年も続ければ企業への依存と忠誠の心は骨身にしみこみ、経営権力から精神的に自立することが困難なのが当たり前なのだ。それを承知で従業員たちに自立を求めているのである。

つまりアメリカなどの巨大な企業が日本で本格的に活動をするようになれば、現在おこなわれているリストラ、買収、倒産などが日常的におこなわれ、国民やサラリーマンたちが、欧米的な自立をしなければならない時代に直面する。しかしその自立とはヨーロッパ人やアメリカ人が築き上げてきた近代啓蒙思想の精神によるものであり、日本の政府や企業が言うような一面的なものではないのである。

権力と闘って自立する

私は戦争中に満州で生まれ孤児になって死に損ねていたのを、親切な人に日本に連れてこられた。ソ連から帰ってきた父は再会した私を、武士の精神で鍛えたのである。これらの体験によって私はいつも「死」と「生」を意識するとともに、武士道によって自分を律する意味を考えながら今日まで生きてきた。亡くなった母と弟の命を自分の「生」で活かすためには、どのような生き方をすべきなのか……。

その結果、私のサラリーマン人生は波風の絶えないものとなった。企業総動員体制下では高校卒業の私は企業組織の歯車であり、人としての感情も意見もその前には邪魔であった。歯車としての自分に徹底し、権力者の意志を忖度《そんたく》した行動を取れる人間になることを求められた。

一日一五時間も拘束され、過大な目標で縛られた職場生活を体験することで、権力機構と組織されている人のありかたこそが、人間が戦争をおこす大きな原因であると、私は思った。入っていた共産党の組織でも組合の組織でも似たような経験をしていた。そしてこのような体制との闘い抜きには、私の「生」はないのと同然だと決断する。ほとんどの人が忠誠と依存の道に従っていたなか、私は四〇年近くのあいだ権力と闘い続け、精神的な自立の道を歩んできたのである。

自立の精神とはアメリカ独立宣言の起草者のひとりで、フランス革命に多大な影響を与えたフランクリンの「天は自ら助ける者を助ける」精神であり、自分の自由と幸せは自分で追求することなのである。また自分で自分の意志をコントロールすることを必要とし、人類の進歩に有益な結果をもたらす精神でもある。

しかし日本の社会をまったくアメリカやイギリスのようにすることは不可能であると同じく、日本人の自立へのプロセスも同じではない。「死」と「生」を前面にすえて自分の存在を真剣に問う武士道から学ぶものは、日本人の自立にとって重要である。なぜなら現在の日本が物質的には豊かであるとしても、労働人口の八割を占めるサラリーマンの精神の発展は、生産活動の歯車として個人としての判断力と決断力、自己主張力を身につけることを、長いあいだ邪魔されてきている。

人間が自立し主体性を確立するために必要とするものは、人類が歴史的に体験してきた人として生きる知識や教訓であり、プライドなのである。生きる緊張感のない人々には容易には身につかないものだ。その精神は政府や企業が求める欲望を原点とする競争の論理とは、正反対に位置する自立と自由、幸せの道でもある。

その道に至れるのは二一世紀の下級武士である、「誇り高き平社員」の人生を歩もうとする者なのだ。

一章　誇り高き、わが平社員人生を語る

その一　生い立ちとその時代

満州での逃避行

私の生まれた場所は中国東北部のチチハルという都市である。そこはモンゴルとロシアから挟まれたような場所で、その距離は各々東京と大阪程度だ。緯度は稚内より一〇〇キロほど北にあり、冬になるとマイナス四〇度の気温に下がると父が生前に話していた。三歳ごろに母と取った写真を見ると、私は頭から足までスッポリと暖かそうな衣類で包まれ、母は手袋もマフラーもしないまま凍えるような顔をして写っている。

私が生まれた一九四二年（昭和一七年）には、まだこの地を満州国と言っていた。中国東北部に侵略した日本陸軍が旧清国の帝、溥儀を皇帝に祭り上げて満州国というカイライ政権をつくったのが、その一〇年前である。その後日本政府は満州国建設のために国民を次から次へと移民させ、敗戦後の引揚者は一〇〇万人以上になっていた。私の父も一攫千金をねらって行ったそのうちの一人である。

アジア諸国を植民地にしている欧米先進国を追い出し、日本を中心とした大東亜共栄圏をつくる名目ではじめた大東亜戦争中に、私と弟は生まれた。しかし弟は栄養失調でなくなり、敗戦の六カ月前には父が軍隊に現地招集され、母と私が残されることになった。

敗戦になって日本本土への逃避行がはじまった。その逃避行中に私に便をさせようとして、二〇〇〇円の虎の子が入っているバックを母は親しい知人に預けたが、戻ってくるとその人の姿がもはや消えていた。母と私の悲劇はここからはじまったのである。

日本人を信じられなくなった母は現在では長春、当時は満州国の首都新京で、中国人の下で食べ物を売り歩いて、二人のその日の命をつなぐ生活をするようになる。しかし収入は少なく、冬に入るとともに母の体力は衰え、結核になってしまった。私の記憶に残る最後の母の面影は、数頭の馬が住んでいた住宅の前を走る音がすると、針仕事を休めて「早く押入に隠れなさい！連れていかれるからね」と私を怒ったことだ。何もないガランとした寒い部屋には蒲団がひいてあった。周囲の住宅も空き家ばかりだった。

死んでいる母と同じその蒲団で寝ていた私を助けてくれたのは、酒屋で働く中国の青年であった。そして結核の上餓死寸前で弱っていた私を引き取ってくれたのは、大きな床屋を営んでいた仲川という父の知人である。

仲川さんは一九三九年（昭和一四年）にソ連軍との国境紛争で、ノモンハンで戦った日本兵の生き残りであった。日本兵たちは「生きて虜囚の恥ずかし目を受けるな」との玉砕命令を実行させられ、一カ月足らずで一師団の全滅と二万人近い日本兵士が死傷した戦いとなった。生き残った兵士たちは自殺させられたり、捕虜になった兵士たちは日本に帰れずにそのままソ連で生活する者も少なくなかった。そんななか仲川さんは部下四人を連れてソ連から脱走したのだ。

夫妻は私に栄養をつけさせようとしてゆで卵を数多く与えた結果、私は腸チフスにかかってしまう。子どものいない夫妻は私を医者にかけて一生懸命に命を救ってくれた。その姿を見ていたお手伝いさんが私が孤児であること、生きて本土に帰るためには仲川さんの子どもになることを含むように言ってくれてから、私は仲川さんを「おとうちゃん、おかあちゃん」と呼ぶようになった。

草原のかなたに落ちる真赤な太陽、刑務所の薄暗い監獄の中から私を見つめる満人のぎらつく目、広い材木工場で働く馬、深い森林に囲まれた大きくきれいな建物とだだっ広い坂道、ソ連の二、三機の戦闘機を隠れながら見上げる大人たち、大勢を乗せて静寂の暗黒を走る深夜の無蓋列車、船底での生活……。満州での数限りない記憶が脳裏に焼き付けられ、引揚者二〇〇〇人を引率する仲川隊長の子どもとして私は日本に着いた。肩には実母と弟の遺骨をかけていた。四歳の時である。

着いた横浜は焼け野原だったが、市内から少しはずれた仲川さんの家家のまわりは農地と丘陵が緑いっぱいに覆われていた。私がはじめてみる日本の自然であった。

極東のアジア諸国に侵略した一五年間に及ぶこの戦争で、三〇〇〇万人近くのアジアの人々を死傷させ、三〇〇万人の日本人が死んだ。アジアに平和と繁栄をもたらす名目で日本人がおこなった、アジア史上最大の大量殺りくである。

氏と育ちと

体も細く、神経質な私の父がソ連との戦いで生き残っているとは考えられない。仲川さんはそれでも黙って私を自分たちの子どもにするわけにもいかず、父との話に聞いていた出身地と父の名前を書いた手紙を送る。すると数日のうちに、父の家の近所に住んでいる母方の祖父と祖母が私を迎えにきた。見ず知らずの人に連れていかれることを拒む私に、仲川夫妻は「二、三日したら帰れるから」と悲しそうで、恐い顔を見せながら言った。

連れてこられた母の実家には母の兄弟が大勢おり、姉の忘れ形見である私はみんなから溺愛された。満州孤児の帰還は村中の話題ともなり、私に注がれる人々の目が優しかった。体力がつくとともに多くの友達と村中を駆け回る日々となった。

そこにソ連に捕虜として抑留されていた父が突然帰ってきたのである。「おまえのおとうちゃんだよ」と言われたその人はやせ細った体で雪焼けした真っ黒な顔をして、ぎらついた目で私を凝視する。私は恐くなりその場から逃げた。しかし数日後、嫌がって泣き続けているのにもかかわらず、有無を言わさずに私はその人に引き渡された。この時から新たな体験を体に刻み込むこととなる。

仲川夫妻はその後、社会党の委員長で横浜市長になった飛鳥田氏のブレーンとして市政にかかわり、日本と中国が国交を回復すると第一次の訪中団のメンバーとなった。

私の祖父は大きな農家に育ち二〇歳台で地元の自由民権運動のリーダーとなり、二八歳に地方議員となっている。その後亡くなるまで名誉議長として活躍した人で、大正時代に六人の子どもを前にして、二万円近い預金を見せてくれたと言う。真偽のほどははっきりしないが、小磯家は坂東武者で平将門を倒した征偉大将軍藤原秀郷の流れをくんでいるとのことである。

祖父は政治や地元の村民の世話に目を奪われていたために、祖母が病気がちの家庭は放置しっぱなしであった。父の兄弟は一人が東京帝国大学に入ったが、残りの男は中学、女は高等女学校へと入っている。器用だった四男の父は祖母にかわって家庭の仕事を切り盛りしていたために、勉強が思うようには出来なかったようだ。卒業しても恐慌による不況のために就職も容易でなく、そのために当時は職人としては最高職種であった洋服仕立て職人として、身を立てることになる。

しかし親方の乱暴や先輩のいじめに耐え切れず、夢を求めて一人満州に行き、その後の苦渋の人生を選択するわけである。「土地を買うように」と、父は満州で稼いだ金を家を継いでいる長兄に送っていた。しかし何もしておらず、新円切り替えと預金封鎖によってその金はなくなり、家督を引き継いだ長兄も農地解放によって小作地を放棄する事態であった。父は私を抱え一文無しの生活から出発しなければならなかった。東京に住んでいた弟の家に居候しながら、洋服修理屋をはじめた。

ラバウル帰りの叔父は時々マラリヤの熱で寝ており、父は軍隊での辛い体験が夢に出てきて、夜中にうなされていた。

子ども時代の体験

私も父になじむとともに小学校に入学する年齢になっていた。教室は満杯で身動きが容易でない。その上、ひらがなや数字さえ知らない私には、授業は眠たくなる時間にすぎなかった。給食と友達と遊ぶことだけが楽しみで学校に出かけ、通信簿は平均的であった。

そのうち父は兄弟から金を借りて借地に二間の家を建てた。畳は一間しか入っていない上、雨漏りがあっちこっちからした。食べ物は猫の額ほどの庭で作った水っぽいサツマイモやスイトン、おじやなどが多かった。父は料理を作る時間もなければ金もないが、私はあまりひもじい思いもせず気楽な家庭だった。しかし何人もの人から支えられて生きてきた私の複雑な態度や気持ちを父が理解するのは、我が子とは思えないほど難しかったようだ。

父は仕事のために夜遅く帰ってくることも多くなった。そんなときに一人置いてきた私が心配だったのだろう、結婚することになった。そして父は結婚する相手の親から金を借りて、雨漏りを修理し畳を入れたのである。これらの多くの借金によって長い年月、家庭生活全てにゆとりをなくすことになる。

結婚早々、継母は私とは添えなかった。一年がたつと弟が生まれ、生活はいっそう苦しくなる。経済的な苦労と「生意気で我がままでへそ曲がり」な夫の連れ子にいつも苛々していた。三年生になると父は私を正座させて宣言した。「これからはおまえの根性をたたき直す。そのためにおまえを小僧として扱う」と。小学校三年生から私は自分の衣類や食器を自分で洗った。便所掃除と店の掃除、買い物も私の仕事になり、冬になると霜焼けで手が腫れた。

その上、月に一、二度セレモニーのように私は怒られ、説教をされるようになった。今でも自分ではその理由がよくわからないが、私がそばにいるだけで継母が怒りたくなり、それを察した父が私を捕まえて怒鳴ったり説教をしたのではないか。正座した私の太股を長い物差しで叩く。継母が説教の途中で部屋を出ると父の説教は止まるが、現れると再び続いた。父の説教は長時間におよび、時には一度終わった説教も深夜になって私をたたき起こして、再びはじめる。親戚の人たちも隣の人も私に説教こそすれ、私の気持ちを解いて積極的に理解しようとはしなかった。それほどまでに私が変わった子どもだったのだろう。

あるとき外で遊んでいて顔に何針も縫う大怪我をしたが、親に言うのが恐くて隠した。翌日に父に見つかり病院に行った時には、顔中が腫れあがっていた。また私に愛想を尽かした継母が実家に帰ってしまったときがある。私は何となく安らいだ気持ちになっていたが、父は消沈して「犠牲という言葉を知っているか?」と言う。家のために自分の気持ちを抑えて継母に謝って、帰ってきてもらえということだ。借金を抱えた貧しい生活を支えてくれている妻と、可愛い弟とのことを考えての言葉だったのだろう。私は継母の実家に行き畳に両手をついて謝罪した。

ある日、父が「おまえさえいなかったら、この家庭も平和なんだが……」とため息まじりに私に洩らした。これらのことが続いてから、私は父に心を開かないことを誓った。

親から「落伍者だ」と人間性をいつも叩かれていれば、自分でも駄目な人間と思い込む。しかし私が決して駄目な人間でないことがわかったのは、五年生になって学校で知能テストが行なわれてからだ。クラスで一番頭の良い同級生と同じ点数だったのだ。このこと以来、私は本を読み出すようになり、勉強にも関心を持ち出した。

このような家庭生活を通じて小学校を卒業するときには、「人間らしい人間になりたい」と言う言葉を残すような子どもに育っていた。

人生を問う青春

中学校に入ると自分の世界が広がってきたが、放課後に学校にいるわけにはいかない。家での自分の仕事が待っていた。そのためにバスケットのクラブ活動も先生から頼まれた補習授業の手伝いも、中途半端のままで終わった。

広島で被爆をした先生、軍隊で中国人の首を切ったことを自慢する先生、町のチンピラの親分となってしまった生徒会長だった友、風呂にも入れず、消しゴム一つの学用品も買えない友、親にキャデラックで学校に送られる友、都立の進学高校に入るために小田原近くから通ってくる友、恋愛に溺れて全てを放棄した友、子どもを作ってしまった友……。中学校でこのような色々な人々に出会えたことによって、救われた気持ちになっていた。学校ではみんなから好かれ、やっと少し自分に自信を持てるようになる。本を次から次へと読み、そこから私は人間が生きる意味を感じた。

家では仕事は忙しくても、相変わらず貧しかった。父は儲けられる仕事でも気にくわなければ蹴り、若い人には工賃を大幅に負けてその上月賦で払わせる。家の生活の苦労を考えるよりは仕事の出来映えと顧客が喜ぶ顔を見たさに、休みなく働いているようだった。私への説教も一、二カ月に一度に減ってきた。弟が順調に成長していることと借金がだんだん少なくなってきたこと、私も要領よくなってきたことなどが原因だったのだろう。

中学校三年になると経済的に親から自立をして自分の力で生きていきたかったので、就職を選んだ。すると先生は私が就職しなければならない事態を親に聞きにきた。私の成績は良く、先生は学区で一番の進学校に受験させたかったらしい。学歴が低ければ低いほど社会に出て苦労をするとの考えを持っていた父は、私が進学することを望んでいた。学校からプラスチック工場で働いている先輩たちを見学した私も、中学校で就職することに将来の不安を感じていた。そのためにあと三年間我慢すれば将来の可能性がまだ開けると思って進学を決める。進学に失敗するわけにはいかないので、安全に入学できる都立高校を受験した。

高校に入ると中学校以上にさまざまな人に出会う。両親を戦争や空襲でなくしている先輩や同級生、わざわざ九州の三井三池炭坑に行って労働争議の支援をしている人、高校を中退してインテリヤクザと呼ばれる暴力団に入った優しい先輩、アメリカの市民権を得るために軍隊に入りドイツで駐屯する人、人望の厚い共産党の先生、戦時中に治安維持法で豚箱に入っていた先生、日本人でありながら日本語が下手で派手な英語の老先生……。学校も旧制中学校当時は軍国青年を育てながらも、私が入った時には左翼学校だった。

私が誘われて入った文芸部ではほとんどの人が家庭的な問題を抱えており、みんなが人生を真剣に考えていた。二人の先輩女性が人生に悩んで自殺していた。私はそんな先輩のうち何人かの影響を受けることになる。それはニーチェやサルトル、ドストエフスキィなどニヒリズムや実存主義の考え方であった。本当に理解できたわけではないが、人間そのものの限界と人生のむなしさ、それを認識してその日その日を生きる人間の姿が私の人生の指針を示しているよ
うに思え、図書館の本をあさるようにして読んだ。人間が人間を大量殺人しはじめた時代にふ
さわしい哲学で、いろいろな宗教書や人生訓話より私の体験に近い考え方なのだ。生徒会活動
や社会問題に目を注いでいるマルキストのように、人間の問題を社会的な側面ばかりから問う
ことには、疑問を感じた。

ある出版社の懸賞論文に提出した私の論文が予選を通過してから、学校に連絡が入った。若い学生が人生をこのように捉えていて大丈夫なのかとの心配であった。同じような考え方で恋愛小説を文芸部の雑誌に載せると、大人びている精神的な不倫の内容に他校を含めた学生たちの反響が強かった。これらの執筆体験が社会に出てから役立つとは当時は思いもしなかった。

この学校では私のように就職する男は五人程度で、就職先は一流企業ばかりだった。生活の安定と調査研究にたずさわりたくて銀行を希望すると、トップの銀行で実力主義を売りものにしていた富士銀行を学校から指定してきた。文芸部の親しい先輩が就職していた都庁にも受験したが、銀行で働き出したその年の秋になっても、都庁から就職するように催促がかかってきた。

高校の先輩や友人と心の交流を通じて私は自分を見つめ、社会に旅立つ勇気を与えられていた。

その二　高校を卒業して銀行に就職

社会人として生きる

私が社会にでた今から四〇年前の一九六〇年（昭和三五年）は歴史的な年であった。朝鮮戦争での特需によって戦争で荒廃した日本の経済もたちなおり、国民生活が飢餓状態から脱していた。これからは日本の基幹的な産業をアメリカ型の大量生産システムに変え、安いものを大量に生産して大量に消費する社会を作ろうとする時代である。高度経済成長によって一〇年後には、所得を倍増しようと国民に呼びかけた。そのためには国民みんなが懸命に働く必要があると、「期待する人間像」を発表する。

具体的にはまず国産の石炭を中心としたエネルギーを、原価の安いアメリカの石油に変える。そして日米安全保障条約を改定することによって、将来的にコンピューターや生産技術など最新技術の援助をアメリカに頼り、日本が生産する安くて良質の大量製品をも輸入してもらう。このようにして日本経済を先進国なみに成長させながら、輸入を制限していた物品を順次「貿易の自由化」をはかり、一〇年後には「資本取り引きの自由化」を実施しようという計画である。この計画はまた日本の輸出産業をになう大企業の国際競争力を急ピッチで強め、サラリーマンたちが懸命にはたらくシステムをつくることをも、その内容としていた。

銀行で働きはじめた当時、アメリカに従属したこのような日本経済の発展に反対して、日米安保条約改定反対の国民運動が広がっていた。連日、労働組合、学生や教授、婦人団体などで数万人が国会を包囲し、ストライキもおこなわれていたのである。高校の時の友達も大学生の自治組織である全学連で反対運動に加わり、警察の放水車で水びたしになっていた。

私も休みの日には誘われて反対運動に加わったが、二人とも本当のところは日米安保条約の意味することがわかっていない。むしろ国民を馬鹿にしたような岸首相の顔つきと態度に腹を立て、国民的な反対運動の熱気に興奮しながら若いエネルギーを燃やそうとした程度である。しかし銀行の職場に入ると、社会の政治的な騒動とは無関係に一日が過ぎてしまい、私は二つのまったく別の世界を生きているような錯覚をおぼえた。

支店での最初の係は出納である。札や硬貨が所狭しと置かれて、女性の先輩たちがその処理に追われていた。支店では大きな宗教団体と区役所、都電、タクシー会社などとの取り引きがあり、出納の人員は一〇人以上だった。私は硬貨の処理を主に担当させられた。

「マグロ」と呼ばれる麻袋に入った硬貨が毎日一〇本近く集金されてきた。その硬貨を五〇枚ごとに包む紙の筒を手でつくり、機械にセットして横に動かしながら硬貨をその中に落とす。包まれた硬貨が紙の筒からもれないようにしっかりと上から蓋をする。もしも機械から硬貨が床に散らばると、這いずりまわって最後の一枚までさがし求めた。

支店で使わない硬貨は一〇〇〇枚ごとに布袋に入れて、その四つを麻袋に詰めこみ、口をしっかり紐で締める。その「マグロ」を本店からくる現送車に積み込んだり、出納とは反対の隅にある金庫に運び込む。一度に両手で四本、重さとすれば五〇キロ程を持って運ぶのだが、私の体重も同じ程度だ。硬貨の仕事がすむと百円札を一束一〇〇枚ごとに本封する仕事が待っていた。一〇〇万円から二〇〇万円を毎日、先輩たち二人が朝から専門に整理していた。

いつ終わるともしれないこれらの仕事を私は一年間することになる。仕事が終わるのは平日は六時から七時ごろで月末には八時半、年末には集金が正月の一時ごろまでかかるために、二時から三時。勘定が合わなければ合うまで続いた。

一年目の夏ごろから昼休みには「準則集」と呼ばれる仕事の手引きを読んでみたが、何がなんだか難しくてわからない。小切手や手形の本を読んでも今まで接したことがない話なので、理解するまでにはいかない。これからこんな難しいことを端から端まで覚えなければならないのかと思うと、ついて行けるのかなと心配になってしまった。しかし先輩たちはみんな優しく次第に緊張感も薄れ、銀行の生活にも慣れてきた。

二年目は定期係に替わった。算盤で細かい利息計算をして、定期証書に顧客の名前を書く。算盤や字がうまくない上に右手の人差指を五針縫う怪我をしたために、先輩や役席に迷惑をかけ、辛い日々だった。三年目には大学の夜学に通うようになったために、仕事が多少早く終われる区役所の派出の仕事に替えさせてもらう。区役所の窓口で税金の収納や納めすぎた税金を払い戻したり、職員の給料を払ったり預金を預かる仕事を女性と二人でおこなった。

仕事以外でもいろいろとやらされ、従業員組合青婦人部の部長になる順番が二年目にまわってきた。先輩たちや同期の人達の援助を得ながら、独自性を発揮した行事を毎月おこなった。みんなが楽しんでくれているのがうれしくて、六カ月だった任期を一年続けることになった。その後は従業員組合の役員を経験することになるが、出来るだけ人に役立つようにと工夫と配慮を凝らした活動をすすめた。

自信とプライド

このような最初の支店での職場生活を通じながら私は、自分が決して劣る人間ではなく場合によっては、人より優れているものを持っていることを自覚するようになる。

入行して一カ月もたたず、まだ仕事をしていない私に給料を払うと言ってきた。私は「働いていないからいらない」と断った。仕事を終えてから工賃をもらう洋服仕立て屋の常識を私は身につけていたのである。支店長は困った顔をして「銀行では先に払うようになっている。その分これから働いてくれれば良い」と言った。私は支店長に深く感謝してはじめての給料を受け取ったのである。

私の家には電話はあっても私は使ったことがないために、銀行にかかってくる電話を自分で受け取るのが嫌だった。それでも受けなければならない事態がきて話が終わると、その顧客は支店長と話をしたいと言う。私は受話器を手にしたまま店の真ん中に座っている支店長に「支店長、お電話です」と、店中に聞こえる声で叫んだ。支店長もそれに答えて大声で返してきた。普段でも私の声はひそひそ話ができないほど大きく、支店長は兵隊では大砲大隊の中隊長だったので耳があまり良くなかった。来店している顧客も含め大勢の目が注がれた。

出納の主任はあきれた顔をして「おまえ、支店長席まで行って言えば良いんだよ。受話器を持っていなければ切れるわけじゃない」と言った。でも支店長は「大きい声で元気があって良いぞ」と誉め、ある機会に「君は支店長になれるよ」と言ってくれる。当時、富士銀行では旧制中学出の支店長は数人にすぎなかった。

区役所での仕事はすべてが自分にまかされているので仕事のしがいもあり、大勢の職員の人たちにも可愛がってもらった。税金を納めに来る人たちには税金を納める気持ちを察しながら、なるべく親切に応対した。自分では自然におこなっていたこれらのことが区役所の上層部の評価を得て、表彰をする話になったのだ。しかし前例がないために取り止めになり、かわって銀行の本部役員に私の話を持っていってくれた。その結果、役員が私の仕事ぶりを見学にきたのである。

支店に女性の会が結成された時、男性では私だけが招待された。理由は「会を作ったらどうか」と発案したことと、男性のなかで女性の気持ちを理解してくれているからだと言う。女性たちがおこなった男性の人気投票では、親しい先輩とともに一番得点を得た。

従業員組合の幹部役員からも声がかかってきたこともある。「組合活動を盛り上げるために一緒にやろう」とのことだった。いずれは従業員組合の執行部、支店長への道である。しかし私は組合にはあまり関心がなかったので、そのままで終わった。

このように自分の社会的な存在に自信がつくとともに、職場の男の人たちの行動や考え方、生活意識と私との違いに新たな疑問と関心が沸き上がってきた。人生観の違いでもある。私が銀行に入ってきたのは生活の安定とともに経済や産業の調査研究活動を通じて、社会の役に立ちたかったからだ。しかし一緒に支店で働いている多くの人の願望は、偉くなって多くの権限と多くの部下を持つことであった。出世した人々もそのような願望を持って銀行員生活を送ってきたために、部下たちも同じ願望を持っているものと思っていた。

多くの人は仕事から解放されてからも同じ職場の人たちといつも一緒に行動し、職場では上司の顔色や一言に敏感に反応した。また銀行員はいつも一般的な教養を高めているものと思っていたが、そんなことはなかった。経済や新聞記事以外は学生時代に学んだままでストップしていた。それも知識として知っているだけで、自分の人生観に反映させているようには思えない。銀行に入ってしまえば後は受動的であり、与えられた仕事と転勤、職場の上下関係が人生のすべてのようだった。

私にはそのような生活が出来そうもない。人生にはわからないことや好奇心があること、やりたいことなどが多くある。すべてを知りたいし、やってみたい。そして自分の持っている可能性を引き出して高め、社会的に意義ある仕事にたずさわりたい。出世や地位、収入への関心は薄かった。私には人と競ったり人の真似をすることも性にあわなかった。

小さい頃から異端児として生きてきた私が銀行員として社会に出てからも、異端児として自分を意識しなければならなくなったのである。

夜間大学に学ぶ

高校の友人たちは私が働いている四年間、自由に大学で学んでいる。そして社会に出れば大学卒として生涯、高卒より有利な立場に立つ。銀行の職場の現実を見ることによって、そのことが腑に落ちなかった。しかし私が夜間大学に行くようになったのは、大学卒の資格をとる目的ではなく、経済や法律、産業政策や社会心理学、哲学や倫理学を深く知りたかったからだ。私は学費が安くて著名な教授が多い法政大学社会学部応用経済学科を選んだ。仕事を終えてから行くために早くても七時半以降からしか受講できない。そのためにまともに勉強できたのは三時限目だけだったが、社会心理学を勉強したくて心理学研究会にも入部した。

大学で学んだことは数多い。向学心に燃えるさまざまな年齢と職業の人、労働者の理想国家の建設を訴えながら勤労学生にリンチをする学生、昼間より夜間の学生に熱心に教えている著名な教授たち、知れば知るほどますます知りたくなる学問……。大学での四年間に培われた体験によって、私は人生を広く大きく捉えるようになっていた。

法政大学にはマルキストの教授が多く、マルクス経済学や階級史観、唯物論の立場から論ずる学問が主流だった。学ぼうとすればするほどそれらの考え方を知り、影響を受けることになってゆく。また自然から社会、歴史、人間の心理や行動まで一貫した考えで貫かれた理論であるために、どこかで納得できれば、すべてが歴史的に実証されてきた真理のような思いを抱くことになる。私もその一人だった。

私はエンゲルスの「自然弁証法」とフィルーの「パーソナリテー」に影響を受けた。マルクスの「資本論」も一通り目を通してみたが難解のために、解説書を中心に理解するようにする。

しかし革命の理論になると資本家階級や国家権力、論争相手を口汚く罵倒したり、極端な主張をするので読みながら嫌悪感が先だち、知りたい気にはなれなかった。人間の判断が絶対正しいとは限らないことを考えれば、極端なことを主張することはできないはずである。

ゼミは芝田進午助教授の「精神労働」ゼミに入った。私は名称から興味を誘ったが、指導先生はまだ三〇を少し過ぎただけの、戸坂潤の流れをくむ新進気鋭の唯物論者だった。しかし当時私は組合の役員として職場で中心的な役割を担っており、ゼミには二、三度出席しただけで、卒業論文提出の時まで先生と直接話をしたことはなかった。卒論は「富士銀行の労働環境と労働条件について」と題した文を四〇〇字詰めの原稿用紙で三〇〇枚程度を書いた。先生は「優」をくれて「雑誌に掲載させるから五〇枚程度でまとめるように」と勧めてくれた。そして「君は将来は労働現場の理論家として、研究活動を続けたら良い」と私の進路を示唆してくれたのだ。私の人生を決断させてくれた言葉だった。

共産党員となる

私が富士銀行のなかの共産党員と接するようになったのは、同じ職場の先輩が「民主青年同盟に誘われているが、入るつもりはない。そのかわり唯物論を勉強している君を紹介すると言っておいた」と話してきてからだ。私は銀行のなかにも民主青年同盟や共産党の組織があることに驚き、どのような人たちなのか興味がわいた。

まず勉強会の誘いをかけてきた。レーニンの本であったが激しい論調が嫌で、それまでほとんど読んでいなった。勉強会では疑問や反論が出るわけでもなくただ納得するだけで、それよりも勉強会のあとの職場の話や雑談のほうが楽しかった。彼らは私より五歳程度年上で、今までに出会った銀行の先輩たちと比べると、戦争や日本の将来、銀行経営のあるべき姿勢、職場の労働条件などを真剣に考えていた。そして自分のことを隠すことなく話す。私は人間的に信頼できる人々に思え、誘われるまま民青に入った。

しかし大学や組合の仕事もあって忙しい私は、彼らから次第に遠ざかっていた。あるとき私に話したいことがあると言ってきた。共産党への誘いであった。私は全然そんな意志がない。唯物論を知っているからと言って、革命運動に命を捧げなければならないわけではない。日本をすぐにでも社会主義社会に変えなければならないとも考えていない。そう思っていた私は、話もたいして聞かないで断った。

私への説得はその後、執拗に続いた。六カ月以上の説得を受けて彼らから私が学んだことは、「人類の歴史のなかに自分の人生を位置づけて生きる」意義だった。次にくる社会が搾取のない社会主義とすれば、その建設のために自分の力を注ぐことが現代に生きる人間として、一番崇高な生き方ではないのか……「辞めたい時にはいつでも辞められる」との話と熱意と情にほだされて、ついに私は入党した。

権力の弾圧を警戒したペンネームでの入党、所属する細胞以外の人とは交わらないという縦割りの原則、党の上に個人を置かないことなど、規律が厳しい秘密の組織体制に改めて驚いてしまった。そして独占金融資本のなかの党員の役割はロシア革命の教訓から、「日本革命が起きたときに革命権力に金庫を開けること」であった。日本国憲法を学び自由や民主主義を体験しながら育っている私には現実ばなれした話ばかりで、理解に苦しんだ。ペンネームを「滑田八郎」つまり「なめた野郎」とつけて、すこしでも陰謀団臭さから気持ちの上で逃れたかった。

その三 プライドを傷つけられ

現金泥棒の犯人

最初の支店に四年半ばかり勤めると、周囲に昔からの高級住宅が立ち並ぶ支店に転勤した。頭取が勤務した最良の店舗の一つだと言われた。しかし行員の人事管理は低級そのもので、最悪の支店だった。

私がそのことを知るようになるには少し時間がかかった。転勤すると初っぱなに副支店長から呼ばれ、私が申請していた調査部への転勤希望を取り消せと言われた。「高卒の人間が東大卒しかいけない調査部を希望するとはおこがましい。君は士官候補生ではないのだから、名軍曹をめざすべきだ」との理由である。自分は大卒でなくても経営職である士官に昇格していながら、二〇歳少々の青年に下士官である課長への出世を夢みろと言うわけだ。

大卒が銀行経営をリードし、高卒が一線で経営方針を実現する。そのような組織社会のなかで、その副支店長は自分と同じ学歴の若い行員の夢と可能性を伸ばすのではなく、つぶすことで自分の出世を顕示したのである。友達や親戚からも東大にいっている者がいる私には、副支店長の人間としての程度の低さに驚かされるとともに、それが高卒の現実かもしれないと考えた。低い学歴の者が同じ低い学歴の者の足を引っ張り首をしめる。このような体験はその後も長く続いた。

課長に出世するために自分の人生をかけることは、一度生命を失いかけ、母と弟の人生までも生きなければならない私には、できないことだった。

同じ副支店長に再び私がいじめられたのはその六カ月後である。現金勘定を連続して間違えた窓口の女性を私がかばったことで、現金泥棒の容疑者にさせられてしまったのである。彼女が三日連続して間違えた理由は、隣の席で窓口の仕事をしていた私にはわかっていた。重い生理のために体調がすぐれず、その上二度目の間違えで課長からこっぴどくしかられたことで、気持ちが萎縮してしまったのだ。三度目に勘定を一〇〇〇円足りなく間違えた。彼女は青い顔をして私に「課長に言わないで」と言い、その一〇〇〇円を自分の金でうめたのである。

二、三日調べたが理由がわからない。私は課長に報告した方が良いと彼女に言うと課長を恐がっていたので、私がかわって話に行く。しかしそのことによって私が疑われることになってしまったのである。副支店長は私を個室に呼び「金が欲しかったのだろう」と、私を凝視した。そして私の預金元帳を見ながら、「学費や小遣いは足りないだろう」「親や兄弟は元気か」と矢継ぎ早に聞いてくる。犯罪者扱いに私は涙が止まらなかった。一時間近くの尋問から解放されると、虚脱状態からなかなか抜け出せなかった。

その数日後、顧客からの申し出によって一〇〇〇円の不足した原因がわかった。すると今度は人事部あての「後輩指導の反省」の始末書の提出を命じてきた。しかし部下を管理指導する責任者の課長には何事もないままである。椅子に座ったまま部下が持ってくる書類に判を押したり、上司からの指示を部下に命じ、実行できなければ叱るだけが課長の仕事ではない。部下の状況や気持ちを常に把握して、それに適した指導をすることが管理職の仕事なのである。

その職責を果たすことなく、事が起きるとすべて部下に責任をなすりつけ、自分の出世に傷がつかないように振舞う。支店経営者も本部の人間も同じようにして出世した者が多いため、課長の責任回避の報告をそのままうのみにする。朝、課長が彼女の顔色を見るだけでもこのような事態にはならなかったのである。上司が部下の顔色を見るのではなく、部下が自分の顔色を見るのが当たり前と思っている上司が、その後の私の銀行員生活に次々に現れてきた。

全員が容疑者

この支店では私のような犠牲者が過去にも、またその後にも多く出てきた。出納係の責任者もかつて現金事故をおこし、上司に痛めつけられていた。その結果、現金の過不足が発生するたびに、例えすぐに発見されようとも「新入行員になったつもりでやり直します」と、課長に大きく頭を下げる。そして日曜日にも出社し、出納の係の周辺に現金が落ちていないか確認してから帰った。年齢は三〇過ぎである。

ある女性が容疑者にされた。彼女も私と同じように個室に入って副支店長から、「裸になりますから調べてください」とまで言わせられていた。彼女は私に涙を流しながら「人権侵害で訴えてやる」と私に支援を求めてきた。しかし親に言われて泣き寝入りすると、本店に転勤のうえ慣れない仕事を与えられ、退職させられたのである。

人事管理をおこたっていながら部下を「人を見たら泥棒と思え」の人事が許せなかった。現金を一番盗める立場にいるのは金庫を開けられ、部下に命令を下せる権限を持つ支店経営者と課長ではないかと、私は思った。

戦後民主主義教育で個人の人権、権利と義務、自由と責任、平等など近代的なものの考え方を学び、学校でもその訓練を受けており、プライドを傷つけられた私の怒りは、徹底対決でしか晴らせなかった。私は共産党員として経営権力から人権を守る闘いを決意する。

再び現金事件が発生すると突然、支店長と副支店長以外全員が容疑者として捜査がおこなわれた。ロッカー、鞄やハンドバックの中、宿直室の蒲団の中など、犯人に思われることを避けたい気持ちを利用して、全員が徹底的に調べられた。屈辱感でいっぱいの女性の泣き声がロッカー室から漏れてくる。課長や昇格寸前の人、出世願望の強い者以外は犯罪者扱いされることに憤まんやるかたなかった。

私が犯罪容疑者扱いされてから六カ月ほど過ぎたこの時には、青婦人部長として職場での影響力は強かった。個人の人権に関わる問題にもかかわらず、従業員組合の役員は支店長からの捜査の申し出に応諾していた。彼らには組合員の人権より自分の出世のほうが大切だった。私は青婦人部を中心に活動を展開した。人権擁護委員会には対応を相談し、組合執行部には善処をお願いする。

そして支店長の謝罪と真相公開、明朗な支店経営などを支店協議会で申し出ることを組合の会で決めた。しかし支店協議会では組合役員の裏切りで支店長の謝罪は実現せず、逆に徹底究明を約束させられていた。

たいして日数がたたない時、渉外を担当していた男性が犯人として祭り上げられた。私より一年先輩のその人は銀行のやりかたの酷さを私に話すと、「こんな銀行にいる必要などない」と言って辞めていった。

この事件の二カ月後の組合役員選挙では、副支店長が投票圧力をかけたにもかかわらず裏切った役員たちの支持はごく少数で、私たちの仲間が全て当選した。

裏切った者たちはいずれ、銀行の役員や支店長など経営職についたが、新たに選出されて組合役員になった者たちは、平行員か末端の課長代理の地位にしか上れないままとなってしまった。経営権力に無条件に服従しない者はいくら仕事ができても、冷や飯しか与えないという人事管理は徹底していたのである。

企業経営の大転換

当時の日本はオリンピック景気の反動で戦後最大の不況となり、それを戦後初の赤字国債の発行とベトナム戦争の特需で再び高度経済成長がはじまっていた。その結果、国民総生産は西ドイツを抜きアメリカについで二位になった。

この間に基幹産業の大型合併がおこなわれ、八幡製鉄と富士製鉄の合併によって粗鋼生産能力世界一の新日本製鉄、日産自動車によるプリンス自動車合併、新三菱重工業など三社合併で三菱重工業という具合に、先進各国に対抗できる大型企業が次々と誕生した。銀行でも第一銀行と勧業銀行などの合併がおこなわれた。

都市銀行では地方の支店を廃止して都市近郊の住宅地へ支店を増やした。高度経済成長によって所得が倍増していたサラリーマンの貯えを取り込み、大企業に安い金利で大量に貸しつける。またサラリーマンの住宅需要にあわせて住宅ローンを新設し、長期の住宅資金を高い金利で貸し付けて収益を上げる。

今までは高額所得者を主に取引先としていた銀行が、「大衆化路線」を取るように転換したのだ。小口な金額のサラリーマンたちの取り引きは手間との勝負であり、アメリカからのコンピューター技術の導入と一体化したものであった。

人事や目標の管理も徹底した。富士銀行では三カ年計画の厳しい目標が支店に下った。事務量で係ごとの定員を〇・五人などと定め、女性を三割削減する。残業時間を予算化して、電気代、ペン、伝票などの経費目標や、個人預金や積み立て預金、各種公共料金などの業績目標も一人ひとりに細かくわりあてる。そして達成度を支店同士や個人同士で競わせ、支店の頭取表彰と個人の出世を決めるものとなった。この時の管理手法が現在まで続くことになった。

ほかの大企業でも同じような合理化施策が実行されていた。日本の輸出産業の柱となる自動車生産では、トヨタ自動車が「カンバン方式」を本格的に実施しはじめた時期である。そして日経連では「全員参画経営」を提唱し、働くもの全てが仕事を通じて自分の能力を発揮して、家族の生活の向上と社会に貢献できる生き甲斐ある職場人生を訴えていた。

このような体制をしくために経営者たちがまず手を下したのが、共産党員や社会党員、総評などの反対勢力の影響力を排除することだった。日産自動車とプリンス自動車の合併ではリンチ、暴力、無視や差別などがおこなわれた。

富士銀行ではまず私の勤める支店からはじまった。私と一緒に活動した人々が男女や年齢にかかわりなく、六カ月間でほとんどが転勤をさせられた。活動に熱心だった者は地方に転勤させられ、私は北海道の最北端にある北見支店に飛ばされる。その一方で一緒に闘っていた後輩の一人が私たちの動きを支店経営者に通報しており、いずれ経営職階に入ることになった。

独身寮ではみんなが不在の昼間に私物検査がおこなわれ、組合活動に熱心な独身の女性のなかには、男に体で攻め落とされる者もでた。銀行の経営施策にはっきり異論を唱える者は誰でも転勤させられ、多くの者が退職したり経営権力に服従するようになっていったのである。

共産党の方針もあって富士銀行、三和銀行、東京銀行で不当配転、人事差別などを争点とした労働裁判がおこなわれた。私は女性の不当配転の証人として法廷で証言することになったが、裁判を支援する銀行員たちはごく少数にすぎなかった。

共産党員としての矛盾

職場での闘いを組織するには極力大勢が参加でき、勝てる可能性の一番高い方法を考える必要がある。経営権力の考えや動き、刻々と変化する人々の気持ちなどを把握し創意と工夫を凝らす連続であり、画一的な手法や統制的な指示では闘えない。ましてや労働者や国民の能力を花開かせるための社会を建設しようとするならば、変革の闘いのなかで一人ひとりが自らの能力を自覚的に高めることが大切なはずである。

ところが私が共産党員になってからその反対の体験をすることになった。最初は民青新聞に詩を投稿したときのことだ。掲載された私の詩の字句が変えられ、内容が変えられていたのである。そのことを上級の者に聞くと、変えたほうが良いと判断したからだと言う。私が抗議をすると「上級には変える権限がある」と当たり前のごとく言われた。表現の自由を奪う検閲である。

六カ月に一度、自分が勉強する予定の本を上級に報告することになっていた。私は入党するまでに「ソ連共産党史」を勉強していたので、その続きと思って報告する。上級が取り下げを指示し、党が指定した本を読めと言う。その理由はソ連共産党と我が党とは路線が違うからだと言う。そのことが良く知りたくて私は読んでいたのだ。共産党の幹部たちが「わが党は絶対間違わない」と決めつけるのは、唯物論を唱える政党としておかしいのではないかと思った。またもし間違わない自信があり党員を信じているのなら、何を読んでもいちいち口をはさむ必要はないはずだ。指示されなくても自分が所属している組織の文献を読むのは、党員として当たり前である。

あるとき上級から指導が入って、職場変革のための「三人委員会」をつくれと言う。党員が二人を組織してその人たちで組合活動を活発化させろという意味である。上級から指示がくればどんな状況にもかかわらず従わなければならない。特に目だった活動をしていた私の職場で、その典型をつくろうとしていた。私にはそんな必要も余裕もない。実態にそぐわない机上論でもある。

そのような批判をすると、真っ青な顔をした上級の指導者は党員としての私の資格を問題にして、「自己批判書」を提出するように命じてきたのである。この三人委員会の指示はどこでも運動にならなかったため自然消滅したが、指示した上級の人が「自己批判」した話は聞かなかった。

同じような話がまた起こった。私はあまりにも多く活動にかかわっていた。そのために毎日深夜の帰りで、私生活はなく体もおかしくなってきた。そのために支部指導部以上の役割を辞めさせてもらおうと申し出た。すると上級の人は「党の上に個人を置く」として批判をしてきたのである。私が職場を放棄できるわけはない。労働現場からの変革を求める労働者階級の党とは私には思えなかった。私を批判したその人はその後、過労のために病気になって党活動から離れていった。

組織に所属している個人の人権を大切にできない組織が、個人の能力を花開かせる社会をつくろうとすること自体が大きな矛盾である。私は入党して二年近くでこのような結論に達していた。「党の上に個人を置かない」規律によるさまざまな悲劇をその後も見ることになるが、当時の私には銀行の人権侵害と闘うためには、正面から闘う勇気のある富士銀行のなかの共産党の同志が精神的な支えとなっていた。

銀行と共産党いずれの組織にしろ、いざとなると個人を大切にしない組織である。それは集団の秩序を乱すことに日本人が罪悪の意識持つことと、その意識を利用して軍隊と同じように、中央権力が組織の末端まで思いどうりに統制しようとするために、恐怖感も手伝って言われるがままに、ほとんどの人は従ってしまう。

その結果、個人の内発的な積極性や創造性をつぶすことになり、組織の歯車の役割しかはたせなくなる。権力の中央にいるひと握りの人間の能力だけを全開すれば良く、末端の人間は上ら下りてくる課題達成のために積極性を発揮するだけで充分で、余分な意見や個性を出せば組織の統制がきかないから押さえてしまう。

つまり民主主義社会とは異なる組織集団になっているのである。

その四

権力的な経営との対決

試された忍耐力

北見支店には夏に転勤して、一一月から渉外を担当させられた。渉外の人はバイクか自動車で顧客を訪問していた。しかし私は支店から二キロ以上離れた南と北の地域を、自転車でまわらされた。ほとんどは農家であった。冬場になると午後三時すぎにはマイナスの気温になり、夜中には雪の結晶が降ってくる。そして明け方にはマイナス二〇度程度まで気温が下がる町だ。

道路は夜中に雪が凍って、氷が日中には日の光に溶けるために、水と氷のわだちにはさまれた自転車は滑り乗っていられなくなる。そんな農道を気をつけながら進んでいくと、一瞬の間に黒い雲が低空を覆い突風が吹き出す。路面の細かい雪が舞い、目の前が見えなくなる。自転車のハンドルを持つ厚い手袋は固まり、水浸しの自転車も凍って動かない。気温の急低下で頭が痛くなり吐き気がする。鞄ごと自転車を放り出してうずくまっていると、次第に体温は奪われ長靴のなかの足の指先も痛くなる。

このような試練を富士銀行から与えられた私は、自分へ克己の闘いを挑んだ。風呂から出るときに水を頭から浴びるのだ。寒さに慣れた北見の人でも驚いていた。銭湯からそとに出ると二、三分で濡れた手拭いが固まる寒さである。北見にいた三年近く続けた。

人は苦しいとその場から逃げ出す者と対決する者とがいる。私が対決する人間であることは、前の支店での私の行動を見ればわかるはずだ。銀行が私を辞めさせるためにした行為が臥薪嘗胆の気持ちを固めさせ辞められなくする。権力者の気持ちを忖度して出世した者が人事権を持つと、権力の論理で部下を裁くだけで部下の気持ちや心理を洞察できない。人間が人間を強力に支配しようとする権力組織が崩壊する主な原因がこれなのである。

寒風にさらされ凍った自転車を引き摺りながら遠距離からやっと支店に帰ってくれば、人の倍以上の仕事が待っていた。さまざまなノベルテーやパンフレットの管理と手配、クレジットカードの管理事務、まとめるのに時間がかかる月報……。残業をしながら課題をすますと、時間外の請求が同僚より多いと課長は苦情を言う。サービス残業をしろということだ。人より手早く処理する私が仕事を残して早く帰りつづけると、支店全体の仕事に滞りが出た。しかたなく課長は二つの仕事を私から外した。

その次にきたいじめは、「定期預金の獲得が人より少ない」と私をみんなの前で強く詰ることだ。私もみんなの前で「私の担当先を一緒に自転車で周り、どのようにして定期を獲得するのか教えてくれ」と執拗に言う。課長は渋々自動車で私をつれてまわったが定期のテさえ言えない。顧客との話を聞いていた私は課長の折衝能力の低さを知った。

その後も、富士銀行の名刺がなければ顧客も相手をしてくれないだろと思える数多くの上司や、また有能であってもたいして出世していない人にも数多く出会いながら働くことになる。

私は多くの顧客と親しくなれた。人それぞれ人生があり、その人生と人となりを知ることと仕事の内容に興味があった。まだ二五歳の私に人生の先輩たちはいろいろと教えてくれる。先代が屯田兵として内地から開拓に入った老人、玉葱で一儲けしようと大阪から来ている人、一年を九州から北見まで行き来する蜂蜜業者……。ハッカ、ビート、玉葱、じゃが芋の生産、酪農、林業の喜びや苦しみを教わるともに、北見の悲しく辛い忍耐の歴史とそれゆえの人情の厚さを知った。私の人生にも似つかわしい土地なのかもしれないと思った。

多くの新規の顧客と預金を獲得しはじめた私に、支店長は本部表彰の申告をしてくれたが人事部が却下してきた。

闘う女性たち

新しく赴任してきた支店長は独裁者のごとく振舞った。赴任したその日に自分の娘の気にいったブーツを買うために、女性たちを市内のすべての靴屋に行かせる。銀行の備品さえも家に持っていった。支店でもっとも親密な顧客とは初対面で踏ん反り返って話しだした。また全銀連という銀行の組合の上部団体で副委員長をしてストライキを指導したことをうぬぼれ、共産党の野坂参三と親しい仲だと公言する。

渉外の課長や出世したい男たちは支店長の顔色をいつも伺い気持ちを忖度して、先手先手と動き出した。しかしほとんどの女性たちは赴任して一週間近くで毛嫌いするようになり、近づこうとしなかった。支店長は次々に問題をおこしはじめた。

市内で生まれ育った女性たちにはさまざまな人やグループとのつきあいがある。それをいちいち詮索して、「アカだからつきあうな」と指示する。女性の結婚相手を侮辱したり、仕事を理由に結婚する日を替えさせる。休暇を認めない。過大な積み立て預金目標を与えて獲得競争を煽る。私服に替えさせて残った仕事をさせることで、サービス残業を強要する。

転勤してきた当初は警戒されていた私も、一年の間に信頼を得るようになっていた。彼女たちが解決の相談にやってきた。このような傲慢な男には話しても無駄で、徹底交戦しかないのである。しかし彼女たちの気持ちと意志にもとづいた行動以外、彼女たちを自立させることにはならない。ほとんどの女性たちが納得できる方法を積み重ねながら、支店長に改善を迫ることに決める。

まず「女性の会」に支店長を呼び、一二の項目を上げて改善をお願いした。しかし「親御さんからお預かりしている大切な女性たちだ。全て私にまかせなさい」と相手にしない。次は実力行使の「支店長無視闘争」である。ほとんどの女性たちが支店長を終日無視した。一週間も待たないで支店長が折れ、正面から人権を侵害することがなくなり、獲得競争やサービス残業もなくなった。そして人員も中途で増やしてきたのである。

従業員組合の役員で出世願望の強い男は、女性たちが自分に相談にこなかったことを支店長に弁解しながら怒っていた。

次の支店に転勤しても女性たちは大変だった。宣伝がすでに行き渡っていたために逆に私への関心が強く、転勤して三カ月もたたないうちに女性たちに相談を受ける。支店長は女性に休暇を与えないで仕事を次々に増すことで、自分から退職するように仕向けていた。すでに二人が辞め、あと五人が辞めたいともらしているとのことだった。女性が一〇人少々しかいない地方の支店なのである。また強引な支店経営は市内で評判になっており、近いうちに支店が廃止される噂となって広がっていた。

この支店では「開けてびっくり玉手箱」の闘いをすることにした。支店長から信頼されている出世願望の強い男を、近づいていた役員選挙で落選させる。かわって女性たちみんなから信頼され自分の意見を上司にもはっきり言う課長代理を当選させる。

選挙当日、すべての女性と何人かの男性が暗黙のうちに同じ行動をとったのである。突然の結果を知って落ちた本人と支店長は青い顔をしていた。

このことがあって休暇の取得に文句は言われなくなり人員も増やされた。同じ時期、女性たちが一斉に抗議の退職をして営業が出来なくなった支店も出ている。

支店長の転勤のとき儀礼的に「お世話になりました」と私が挨拶をすると、「おれは世話した覚えはない」と言ってきた。この支店長は本部のやることに異論はないのだろうか。一生懸命に働いている自分の女性の部下たちを苦しめて、何とも思わないのか。自分がやっている支店経営が地域に及ぼしている影響をどう考えているのだろうか。人として大切なものを身につけていない人だなと私は思った。

「タコ部屋」での生活

次の支店に転勤して一日目に異様な様子に気がついた。渉外と融資が一緒にいる部屋の一五人近くの男たちは、課長がいると誰一人話す者がいなく、その上何時になっても仕事を辞めて帰ろうとしない。話が聞こえるときは課長が部下を詰問したり罵声を浴びせるときだ。二人の課長は四二歳の高卒同期で、副支店長への激しい出世競争をしていた。そのために二人が話すことはなく、煽りを食った部下たちが陰湿ないじめてを受けていたのである。女性たちは二人の課長を嫌い部屋に入ってこなかった。

ある時、仕事を早めに終わると、「これから飲み屋に行く。各人着くまでの間に出会った女を誘ってこい。出来なければ渉外課員として失格だ」と真面目に命令した。部下は誰も実行する気はない。課長のみが連れてきた。しかしその一方、支店長に叱責される時は、その課長は直立不動の姿勢で震えているのだった。

私はみんなが課長の言われるままになっている状態をどうにかしたいと思った。そして残業時間をきちんと請求することで最低限の権利を主張しようと、課員全員に提案した。

私は同僚より毎日早く帰りながらも残業が一番多い状態であった。しかしみんなは毎日一〇時過ぎまで働いているのにもかかわらず、一カ月の残業請求時間は三〇数時間であった。これを実際のとおり請求すれば、おのずと早く帰れるようになるとの判断もあったのである。全員でこの提案を実行することが決まった。

しかし次の日に実行した者は私を含めて二人だけで、残りの四人はしていない。実行した後輩は課長から「おまえはそれでも仕事をしていると思っているのか」「おまえの将来はおれの胸三寸だ」と、私がいない時間にみんなの前で怒鳴られ、恐怖感で二度と反抗をしなくなった。

課長を「殺してやりたい」と言う同僚たちが約束を反故にしたのは、権力への恐怖感と出世意欲である。彼らは転勤をひたすら待っているだけであった。

仕事が終わる時間にはいつも終電がなくなり下宿する者、書痙になった者、結核を再発させた者がでた。私は毎晩九時過ぎに職場でインスタント・ラーメンを食べていたために、胃腸をこわして一週間休むはめになってしまった。

このような「タコ部屋」で生活していると、私もその雰囲気に次第に巻き込まれて、その辛さに転職を考えることもあった。

この時の私はみんなと一緒に闘うという意識が強く、一人でも闘うという考えがない。「一人が一〇歩進むより、一〇人が一歩進む」活動だけに縛られていた。みんなが立ち上がるためにはみんなより多少自分を主張することで、立ち上がる勇気を出させることが大切という考えであった。そのために時間とともに、逆に同僚たちの気持と上司の重圧に負けていってしまったのである。

支店長に渉外課長のやっていることを話し、改善を訴えるのが精一杯であった。

ある日、その課長が昇格しないまま転勤発令を受けた。送別会は誰もせず、渉外課員たちはもちろん支店の全員が喜び赤飯を炊いた者もいる。いつも強引な折衝をされて辟易としていた顧客も大喜びだった。しかしその課長はその後、経営職階に昇格したのである。

私が経験したこの様な「タコ部屋」生活が、その一年後に全国の富士銀行で起ころうとは思いもしなかった。

「S・F戦争」

「資本取り引きの自由化」が一〇〇%実施になる一九七三年（昭和四八年）の前後に、ドル・ショックとオイル・ショックが日本経済を襲った。ドル・ショックとはアメリカがベトナム戦争でドルを大量発行したにもかかわらず、政策的にドル高を維持したためにアメリカは経済的に危機的状態になっていた。それを一気に各国のドル・レートの切り上げによって乗り切ろうとしたのである。その結果日本の円は二〇%上昇し、日本経済を支えてきた輸出産業は大打撃となった。

同じ時期にアラブ石油産出国がイスラエルとの紛争で、石油の生産削減と輸出停止をしたことによって、価格が一気に四倍に跳ね上がった。オイル・ショックである。エネルギーの極端な値上がりで、列島改造政策によってインフレ気味にあった日本では、あらゆる物資が買い占められ急騰した。これら二つのショックによって輸出産業が成り立たない事態となったのである。

事態を打開するには借金経営からの脱皮と人件費の削減、労働生産性の際限のない向上だと経営者たちは判断した。「減量経営」と呼ばれる経営手法で、労働生産性の低い社員を企業から放出し、残った社員で朝は七時から夜は一一時までサービス残業で精一杯働かせることによって企業体質を財務と人で強化するのである。

サラーリマンたちは企業戦士となり、エコノミック・アニマルと国際的に呼ばれるまでに命を捧げはじめた。

都市銀行全体が同じような事態になったのはその三年後ぐらいである。二度目のオイル・ショックによって国債や地方債が大量発行され、都市銀行がそれを引き受けなければならなくなる。しかし銀行が国債を市場で売れば損失を出す状態であった。

その上、「減量経営」によって企業の借り入れ返済もすすんだために、預金と貸し金の金利が三年間逆になって銀行の収益を圧迫していた。

また銀行同士のバトル競争を推進する銀行法と外為法の改定がおこなわれる。このような事態に加えて、関西に本拠地をおく住友銀行が関東に進出してきて、トップの座を富士銀行から奪ったのだ。

私が銀行に入った当時は住友銀行は二流であったが、行員一人あたりの収益を上げることが経営戦略の柱であった。そのために絶対的権力者堀田頭取への恐怖感を背景とした信賞必罰の人事で労働生産性を上げていた。

住友銀行はオイル・ショックによって倒産間際だった東洋工業など、多くの大企業を二年間で立て直した体験を、銀行経営に持ち込んでいた。それは「人間尊重の経営」で、「向こう傷は問わない」「自分で逃避の道を断て」「錐の先端はあくまで尖らせなければならない」「雑巾は絞っても絞っても、まだ絞れる」と言う語録に代表されるような、集団ごと「腐りかけた橋でも渡ってしまう」玉砕精神なのである。

富士銀行の対抗意識は並大抵ではなく、富士銀行創業一〇〇周年目を契機にして「S・F戦争」がはじまった。ほかの都市銀行も二行に預金を取られる危機感によって、戦いに追随したのだ。

求められた玉砕

二年間にわたって繰り広げられた首位奪還の戦いは、本部へ集められた全国の支店長への頭取の檄からはじまった。支店長たちは頭取に決死の戦いを求められ、固めの杯を飲み干した。支店の全課長たちも本部に呼ばれて、頭取に戦いを誓わされる。

つづいて支店の課長代理と渉外課員、融資課員たち全員は地域ごと一カ所に集められ、血書をしたため、鉢巻を締めて常務へ玉砕を誓わされたのである。私が所属する地域の約一〇支店では私が代表して常務に宣誓をした。部長代理は「血の小便が流れるまで今までの三倍働いて、二倍の定期を取ってきてもらう」と命令した。

その日から今までの定期の目標の倍額が取れないと、支店に帰れなくなってしまったのである。私は一日二〇〇万円が与えられたが達成するわけはなかった。支店長や課長自ら率先垂範するわけでなく彼らは部下の管理と本部への報告に従事し、達成状況が芳しくないと本部の若き親衛隊員から喝を入れられていた。大口が出来なければ五万、一〇万円の定期預金を数でこなすが、次第に目標との乖離が広がってくる。そうなるとますます厳しく追求されるのだった。

さまざまな悲劇が全国の支店から聞こえてきた。支店長の渉外課員への拳骨と罵声、課長の暴力、全員の前での渉外課員の土下座、夜中一〇時過ぎからの訪問工作、渉外課員数人の病気で渉外活動がストップした支店、自殺、過労死、精神障害、蒸発、離婚……。融資や渉外課員たちの平日はカプセルホテル住まいになり、女性たちは電話でのセールスのために毎日九時近くまで働かないと、仕事は終わらなかった。

この戦争を命じた頭取はマスコミを通じて、「少なくともうちは静かな一〇〇周年となるでしょう」と社会に公言していたのである。

その五　個人での挑戦

少数精鋭での告発活動

体力がもはや限界で、このままでは心身ともおかしくなる。何とかしなければならない。体のあまり丈夫でない私は切羽詰った状態になっていた。支店の同僚と歩調をあわせるような事態ではない。全国の富士銀行には私と同じように、玉砕的な仕事に怒っている人が大勢いるはずだ。私が立ち上がれば一緒に闘おうという人たちが出てくる。このように考えた私は富士銀行がおこなっている人権侵害を社会的に公開して、改善を迫る闘いをしようと腹をくくった。銀行が解雇してくれれば人生をかけて闘う価値があると決意したのである。

まず私は実名を挙げて闘ってくれそうな人々に声をかけると、四人が呼応してきた。しかし職場の共産党員たちは応じなかった。その理由は共産党の職場での勢力を増やすことが問題の解決になるという長期の政治的な判断であった。

彼らは逆に私のやろうとしていることを「跳ね上がり」だ「トロッキスト」だと批判し、共産党幹部会の論文を読むように言われた。今、渉外課員を中心に職場でおきている事態を放置しておいて、何が労働者階級の前衛と言えるのか。私は現実ばなれした共産党を離党した。

振り返ってみると、北見に飛ばされた時には二年近く共産党から連絡がないまま放置されていた。次に転勤した地域では、「日和見主義」とか「労働組合主義」とレッテルを張られた。またいずれの地域でも専従の人の生活は考えられないような貧しさで、それが職業革命家の証とされていた。

経営管理が徹底している富士銀行と革命を目指している共産党の共通点は、最高権力集団の決定を短期的に達成させることだけを配下の個人に求めるだけにすぎなかった。

それに反して私が職場で人々を組織し闘ってこれたのは、個人個人の気持ちや考えにもとづいた行動を取ってきたからで、銀行や共産党の組織運営とはまったく逆だった。個人があってこそ集団が形成できるのであり、個人の納得と合意こそが人間集団の発展の基礎なのだ。個人の犠牲や服従の上に成り立つ組織の発展は、私には考えられなかった。

五人での闘いの基本は憲法の精神にのっとり、正々堂々と大っぴらにおこなうことだった。名称は「富士銀行創業百周年記念大運動『躍進富士スタート大作戦』を監視する会」にした。

頭取への人権侵害是正の要求、東京労働基準局への労働基準法違反の申告、闘いに立ち上がることを訴えたビラの、主要な支店への配布、組合執行部への立候補と選挙広報での全組合員への訴え、株主総会への出席、大蔵省への是正要請、国会での取り上げ要請、マスコミや評論家を通じての告発、街頭での訴え、文筆活動による告発……。

さまざまな人々の支援をあおぎながら考えられるあらゆる行動を続けたのである。

しかし銀行はいっこうに改めず、むしろエスカレートしていった。従業員組合も一般の組合員が執行部へ立候補できないように、大会代議員の全会一致で規約を変えた。労働基準局が違反の調査に支店に入ると、渉外や融資の者たちは上司の指示に従って、酒を飲んでいたとか個人的な勉強をしていたと証言する。

銀行と組合執行部から釘をさされたほとんどの者が私から遠ざかり、ごく一部の者だけが周りの様子を伺いながら私に近づき、期待を口にするだけだった。自ら立ち上がろうとする者は一人も出てこなかった。

企業に自分の人生をゆだねつづけることで、身につけてしまった経営権力への負け犬根性と恐怖心は、人々から自尊心と勇気を奪ってしまう。仕事で死ぬ思いをしていながらも、退職する以外に企業と対決する道を選ぼうとしないのだ。結婚までの就職と割り切っている女性たちとの意識の違いは、相当大きいのである。

「百周年記念大運動」が終わっても、渉外と融資の男性たちはあいかわらず高い目標に縛られ、朝七時から夜一一時まで拘束されても一カ月二〇時間の残業時間しか請求できず、上司からは罵声を浴びせられていた。組合員を守るべき従業員組合もマスコミからのサービス残業の質問にたいして、「そのようなことはない」と反論する。

その後、幹部候補生として採用した新入行員たち二桁が一年も経たずに職場を辞めていく事件がおきた。私が勤める支店でも東大卒が辞めた。入行して一、二カ月にもかかわらず毎日一〇時過ぎまで拘束する富士銀行の人使いに将来の不安を感じ見限ったのである。そのことがあってから銀行は九時を拘束限度に変えたのであるが、一カ月の残業申請は変わらなかった。

私は「富士銀行・労働基準法を学び広め、守らせる会」を結成し、数人の仲間と告発運動を継続した。しかし仲間達の自己顕示欲もからんで、次第に節度が失われ激しさを求めるような会になっていった。いつも抑えることに注意していた私は疲れ果ててしまった。人々に役立つという気高い志で立ち上がっても、自分の不満の解消や自己満足を満たすことを優先したやりかたであれば、目的の達成も損なわれる。そう考えた私は会を辞め、一人でも出来ることを実行する方向に転換した。

バブル期の銀行員たち

一九八五年（昭和六〇年）ごろになると対米輸出は急増して、アメリカの貿易赤字約二〇〇〇億ドルの三〇％近くが、日本との貿易が原因となっていた。その上、同じ額の財政赤字が累積したアメリカの経済は疲弊していた。アメリカ政府は規制を徹底して緩和し、自由競争と市場原理によって企業と金融の動きを活発化させる「金融ビッグバン」を実施した。そして貿易相手国にもアメリカ並みの市場開放を迫ってきたのである。

市場経済の閉鎖性が強い日本には、特に強硬だった。アメリカの要求に応じて日本政府は規制緩和を進めるとともに、赤字を税金で埋めている公社や国鉄などを分割民営化する、行政改革と民間活力を活性化させる政策を実施した。

アメリカはドル安定化のために先進各国に為替介入と内需の喚起を求め、日本に特別な努力を要請してきた。日本政府は内需を喚起するために金利を下げ、通貨を市場に大量に流した。その結果、大企業が「減量経営」で余らしていた資金に加えて、銀行から無理矢理貸し付けられる金が土地や住宅、ゴルフ場や株式などの投機に使われることになる。

また為替介入によってドル安円高になったために、コロンビア映画やロックフェラー不動産などの企業を買収するなど、アメリカやヨーロッパの資産を対象に、日本の大企業の投資が続いた。

そして世界の銀行のなかで日本の銀行が上位五行を占めるまでに、金融資産の価値が急騰してしまっていた。

当時の都市銀行は国際決済銀行として、自己資本比率現行四％を数年で倍加する必要があり、収益を一気に上げなければならない事態だった。政府が取った政策はそのための千載一遇のチャンスとなっていたわけである。

つい数年前までは個人定期が主要目標だった渉外や融資の人たちは、バブル期には利益目標に変えられ、その目標を本部は際限なく上げてきた。例えリスクが考えられても建設会社や不動産会社、保険会社、証券会社などと一緒に、シュミレーションした提案融資を顧客に持参し、儲かる話であることを説明してまわった。札勘定さえできなく決算書さえ見たことのない新人に交渉をさせていたのだ。

顧客のほうも不動産や株式が暴騰しているのを見ると、銀行からの儲け話に乗ってみたいという気持ちを持った。説明する銀行員自身も、自分が住むための住宅取得や株式投資、ゴルフ会員権などのために金を借りた。

バブルがはじけると、戦後五〇年間かかって築いてきた日本経済がめちゃめちゃになってしまった。全ての資産価格が暴落し、投資や投機のために銀行から借金をした人々や企業は、返済できない借金だけが残った。日本が不良債権の山で埋まったのだ。そしてバブル経済を先頭に立って推進した富士銀行や住友銀行など都市銀行の頭取たち、支店長や課長たちの犯罪事件がぞくぞくと出てきた。渉外課員や融資課員のいいかげんな仕事ぶりと犯罪事件も暴露されていった。

高卒の出世頭だった富士銀行赤坂支店の課長は、偽造預金を担保にノンバンクから返済できない二六〇〇億円を借りて、支店の収益を稼いでいた。彼は「S・F戦争」当時に渉外課員となり、正月も休まないで実績をあげて頭取から表彰を受けていた人間である。バブル期のリーダーたちのほとんどは彼と同じ年代であり、社会的な責任を長いあいだ忘れてきた銀行の経営と人事の結果が、日本経済を破綻させた一因なのである。

個人としての活動

この時代、私は職場では目標管理のありかたや人権の問題を毎日提出する「テーラー日誌」に書いて、支店長や上司に改善の依頼をしていた。しかし中心的な活動は都市銀行の労働問題を分析し、研究論文や小説などとして雑誌に発表することであった。小説「優秀得意先課員」や小咄、漫才、シナリオ、「投機への銀行の関わりと社会的責任のとり方」「住友銀行の『事業は人なり』」などの論文やルポルタージュを、銀行労働研究会などに書いていた。

都市銀行五行の友人と自費出版で体験と労働実態を書いた本は、一〇〇〇部出版すると二週間もたたずに売り切れてしまった。

これらの反響は銀行内だけではなかった。テレビ局が私の生活をテレビで放映した。また大学時代の芝田教授が編者になった学生むけの『現場からの職業案内』という本に、私も参加して書くことをすすめてきた。

著名な人たちと無名の自分が本の筆者として載っている喜びを本屋で味わっていると、次に女性問題の研究家である柴山恵美子さんからも出版の話が持ち込まれる。働いている人たちが一緒に書いて、『女たちの衝撃』と題する本になった。

マスコミからの取材も絶え間なく続き、私個人の体験の出版の話が何度か出てきた。ところが富士銀行と出版社との取り引きなどの考慮からなかなか実現しない。その後、ある出版社から出版する話が具体化はしたが、原稿を出して一年たっても進まなかった。

その間にテレビ局から銀行の労働実態をテレビで発言してくれないかとの要請がでてきた。実名を上げて出演すると、そのテレビ局へ銀行から圧力がかかり二度と出演要請がなくなった。しかしそのテレビを見ていた過労死弁護団から、富士銀行に勤めていた女性が過労死した事件の証人として出廷してくれないかと、依頼を受けることとなった。

また雑誌社から銀行労働の体験を書いてくれとの依頼を受けた。銀行からの圧力にもかかわらず「アンタッチャブル行員の日記」と題した記事となった。電車の吊り下げ看板に私の名前が大きく載っているのに、自分で驚いてしまった。

これらに触発されて本の出版が実現した。『富士銀行行員の記録』が実名で出版されたのは、不正融資で住友銀行と富士銀行、日本興業銀行の頭取が国会で参考人として証言した日だった。

本の内容は銀行員としての私の体験と「銀行の投機への関わりと責任のとり方」論文であった。

知っていた新聞記者が新聞に事前に、出版の記事を大々的に書いていたために、その日は全マスコミが大きく取り上げたのである。人事部は私に出版の取り消しを求めてきたが、今まで富士銀行がやってきたことを指摘して応じなかった。

本が出版されると私は取材合戦に巻き込まれ、日曜日には朝から夜まで自宅で一時間刻みの取材となる。日本とともに欧米を中心とした一〇カ国以上の外国からも、日本の企業経営の実態と私個人の生き方の取材を、テレビや新聞、雑誌、ラジオで受けた。

いずれも大きく取り上げられ、フランスのテレビが私を放映しているのを知らせる日本のテレビを偶然見ることになった。取材が一段落すると原稿依頼や対談、講演などが一年以上つづく。『銀行はどうなっているのか』『喜劇シナリオ・金だ！出世だ！サラリーマンだ！』と出版もつづいた。

このような事態になって職場では大騒ぎになる。副支店長や課長たちは私に対決的になり、懲戒解雇の話がまことしやかにささやかれていた。銀行へのマスコミ取材でも私への処分を検討していることを発表しはじめた。

身の危険を防止するために私は従業員組合を辞めて、いざとなったら一緒に闘ってくれると言明してくれた、個人加盟の銀行産業労働組合に移る。従業員組合からは再三にわたって引き留め工作がかかったが、私への支援を約束はしない。しかしこのことで銀行からの重い処分はないだろうと推測できた。

団体交渉の結果もあり支店長から、口頭での注意を受けただけだった。同じ時期に『銀行はどうなっているのか』に書いた「住友銀行の事業は人なり」に憤った住友銀行から、富士銀行へ「小磯を処分するように」との依頼があった話を耳にした。しかし取り立てて何もないままだった。

財閥再編成の時代

バブルが崩壊する前に頭取がからんだ不正融資事件が表面化して、富士銀行では新しい頭取に替わった。国会で参考人として証言したその新頭取は、まずバブル期の収益に偏重した経営を主導してきたリーダーたちを更迭し、役員を大幅に入れ替えた。そして社会常識や銀行員としての倫理観、バランス感覚を重視した人事をすすめだす。

業績や事務の目標を一定の努力をすれば達成できる数値に落とし、半分の支店が表彰を受けられるように変えた。一カ月二〇時間に限定していた残業時間をありのままに申請するように改め、仕事の終了時間も七時を限度とした。

そして経営情報を極力公開し、法令遵守、公共性や社会的責任、フェアーで誠実な行動などを「企業行動原理」として掲げた。役員たちは全国の支店を周りながら、収益偏重の経営の弊害を改めることを明言し、全行員が朝礼で「企業行動原理」を読み合わせた。

約三〇年前にはじまった「効率経営」による強権的な目標管理、人事管理システム導入以来の大改革となったのだ。今までの銀行経営の根幹にかかわる大事件が次から次へと表れてきたことが、大変革の必要性に結びついてきたわけだ。

長い時間をかけて正常な経営を求めてきた私とすれば、その願いがあっけなく実現した思いだった。日本的経営、「人間尊重の経営」は日本経済の破綻の危機がなければ、自浄作用が働かないシステムであったことが実証されたのだ。戦時中の総動員体制と変わらないのである。

新頭取は欧米での勤務が長く、クリスチャンとして人格的にも行員の信頼が厚かった。バブル経済を推進した銀行経営の問題点を洗い、新たな経営体質や人事管理システムを構築するのにふさわしいと思われていた。しかしこの頭取が不良債権の責任を国会で取らされ、就任して短期間に辞任することになる。腑に落ちない話であった。

この当時、私は『日本的経営の崩壊』と題した本を出版した。バブル期の銀行員の仕事への取り組み方を通じて、集団主義的な人事管理の問題点と限界、その歴史的な背景を綴ったのである。

「テーラー日誌」を許可を得ないで載せたことを理由に、銀行は「注意処分」をしてきた。一方、朝日新聞の憲法記念日の社説では、企業から自立した私の生き方と考え方を紹介した。

バブルが崩壊したあとも長いあいだ資産価値が落ちるとともに不良債権が増えつづけ、都市銀行の北海道拓殖銀行、四大証券の山一証券、日本長期信用銀行や日本債券信用銀行など大手金融機関の経営が行き詰まり、このまま放置すれば金融恐慌が発生して世界に広がる可能性がでてきた。

それを回避するためには特に都市銀行への国の規制と支援が急務となる。政府は一〇兆円近い公的資金の投入による救済と、「金融ビッグバン」へ向けて銀行の体質強化を監督指導することになったのである。「金融ビッグバン」とは一〇年前にイギリスとアメリカでおこなわれた、企業活動を活発化させるために金の流れに規制を加えない制度改革で、両国の経済は順調に繁栄していた。

明治時代から一〇〇年以上営業をしてきた富士銀行と第一勧業銀行、日本興業銀行を統合し、江戸時代から三〇〇年の財閥同士の住友銀行とさくら銀行を合併させた。バブル後の二一世紀の日本の経済的繁栄をアメリカやイギリスと同じく、国際的な自由競争と市場原理にゆだねるために、歴史的な財閥再編の変革を進めたのである。

市場原理と自由競争が個々の企業組織の存立を決定するようになるということは、従業員についても同じ原理が貫徹する社会になるわけである。そうなればサラリーマンは企業に依存した生き方から、自分で自分の生き方を決定するようにならなければ、生きてゆけない時代になってゆくのだ。

現在、銀行では同僚との実績競争を促す人事制度が導入され、再び課題と目標に追い立てられる仕事になった。そして給料や社内福祉は切り下げられてしまった。しかしほとんどの銀行員は相変わらず、企業への忠誠と依存の精神で職場人生を生きようとしているのである……。

二章　二一世紀、企業と社員の覚めた関係

その一　世界中を移動する資本

国が主導する経済の限界

これからの日本の社会や労働環境がどうなるかを知る前に、世界の経済、特に先進国がどのような状態になるのかを見てみよう。アメリカのドルの動きが瞬時に世界経済に影響を与えているように、もはや一国だけでは資本主義は生存できない時代で、世界の動きにあわせた日本資本主義社会を建設しなければならないからである。

振り返ってみればイギリスを中心に誕生した資本主義は、企業の自由競争と市場による淘汰という「見えざる手」（アダム・スミス）によって、結果的に調整しながら発展する経済体制と思われていた。しかし労働者階級の極端な貧困化と、資本家階級の豊かな富、企業の急ピッチな資本蓄積は、資本主義体制自体の否定と社会主義革命による計画経済体制へと進むことになった。人間の物欲と権力欲のまえには、アダム・スミスの言うような倫理観は作用しなかったのである。

社会主義国家にならなかった先進各国でも社会民主主義的な政治へと転換して、労働者福祉の増進と企業活動の規制を国が加えることによって、富のアンバランスな配分を調整することになる。

また日本のような後進国では国家が企業を育て、国民の生活と調整しながら資本主義国家を急いで建設し、民族の独立の経済的な基盤をつくる必要があった。多くの後進国は先進資本主義国による経済的軍事的な進出で、植民地になっていったのである。

大恐慌や不況の克服、戦争、戦後の復興など国家の危機にも、国によって自由資本主義体制は抑制された。規制の度合いや手法などは違っても、企業活動を自由放任したままでは富が不均衡に配分されて暴動や革命に発展して、資本主義国家の建設が不可能となってしまったのだ。

この結果、企業の活動は抑制させられる一方、国民への福祉や保障が次第に厚くなっていったが、大量生産システムが国民の生活水準向上への渇望を満たしている時代までは、企業活動と勤労者の勤労意欲は活発であった。

しかし富が充分ゆきわたり賃金も上がり生活にゆとりが出てくると、生産活動と労働意欲は停滞するようになる。その結果、税収の減少と社会保障の膨張、既得権の維持や巨大化した官僚機構によって、国の財政が硬直化するようになってきた。

特に福祉国家を建国の精神とした社会主義国家では、資本主義国家以上に同類の問題が顕著にあらわれ、一世紀も持たずに社会主義経済の基盤と国家体制を崩壊させてしまったのである。

古き良き時代への新たな実験

このような問題を解決するために今から一五年前にイギリスのサッチャー首相が、引き続いてアメリカのレーガン大統領が実験したのが、新たな自由資本主義社会の建設である。

その改革の柱は企業活動、特に金融活動への国の規制を大幅にはずしたいわゆる「金融ビック・バン」によって、金の流れを自由にしたことである。そして富の蓄積意欲を押さえられていた企業への税金や、高額所得者の累進所得税を軽減する。

その一方では企業内では労働組合のストライキを規制し、社内福祉や賃金など人件費コストを減らした。

また情報公開、公正、消費者保護などを前提にして、収益チャンスを求める企業競争を活発化させ、物価の上昇を抑えたのである。

政府も国民への福祉も削減し、官僚機構を小さくすることで財政負担と権限を減らした。つまり国民が、自分の努力で生活をする意欲を高める社会、自由競争と市場原理が限りなく貫徹する、優勝劣敗の社会の建設を意図したものだ。

この施策によってアメリカでは三〇％の銀行が消え、イギリスでは半数の銀行員がリストラされてしまった。

　そしてアメリカでは従来は最高七〇％だった所得税を二八％にまで下げ、法人税をふくめトータルとして三〇％の減税を実施した。

　その結果、たちまちアメリカの経営者の年収が倍増し、現在では平均的サラリーマンとの所得格差は最高で約四〇〇倍となってしまったのである。同じ改革をおこなったイギリスでも所得格差は三五倍で、改革をしていない日本やドイツでは二〇倍の格差である。

　現在では、アメリカの上位一％が、国民の富の四〇％近くを手にする事態になったと言われている。もしそうならば、上位二％の者が国民総所得の三〇％を占めていた一九二九年の大恐慌の時より、富の集中度が高まってしまっていることになるのだ。

　労働者の生活の変化はどうであろうか。労働者同士の平均賃金格差はイギリスでは二・五倍であったものが三・五倍に広がり、アメリカでも三・五倍が四・五倍となった。まだ日本とドイツは二倍台である。つまり人の能力や収益への寄与度を賃金に大きく反映したのだ。その差が大きなアメリカでは、この二〇年間に平均的な実質賃金は一〇％以上マイナスとなりながら、労働時間は伸びた。その結果、製造業の生産性は倍増しているのである。

　イギリスでもアメリカ同様に賃金レベルが下がるとともに格差が広がり、労働時間は先進資本主義国ではトップクラスの長さになっている。いずれも労働市場での自由競争の激しさを如実に示しているのだ。

しかし失業率では企業活動が活発になっているアメリカとイギリスでは三%から五%と低く、その他のヨーロッパ先進諸国では、相変わらず一〇%前後となっている。イギリスでも変革する以前は長年にわたって一〇%台だったのである。

労働組合の組織率もアメリカでは一五%でイギリスで三〇%台と、「金融ビック・バン」以降に半減し、労働争議も少なくなった。しかしその一方で労働者による企業への個別の訴訟が急増したり、企業による組合員への就業差別がおこなわれるようになる。現在アメリカでは大企業が立法措置によって残業手当の撤廃や、労働組合員とその同調者の雇用拒否、ならびに解雇の許可を認めるよう、ロビー活動を進めているとのことである。

イギリスでは企業活動の規制の緩和によってアメリカや日本の企業の進出が顕著になり、金融市場は他国に牛耳られるようになってしまったのである。

このような事態の急変に不満をもったイギリス国民は労働党政権を再登場させた。その労働党政権は、自由資本主義の無秩序さや激しくなってきた貧富の差を是正しながら、国民の自立と企業活動の自由を推進する、新たな「第三の道」の政策を実施した。そして労働組合と企業との協調をすすめる政策を取り入れ、また民間主体のセフテーネットにも力を入れはじめた。

ドイツ、フランス、イタリアなどでも、保守党が企業活動の規制緩和と労働者福祉の制限を実施しようとした結果、のきなみ社会民主主義政権が誕生した。しかし社会民主主義政権としても、従来のままの政策では生産活動の衰退と国家財政の硬直化は正せないことを、認めざるえない事態になっている。一〇〇年間つづいた「イギリス病」と言われたイギリスの経済的停滞と同じく、かつての働きものドイツ人がもはや働かなくなってしまったのである。

またユーロの誕生以来、欧州域内での商品価格の差をめぐって、企業買収や合併が次々におこっており、アメリカの多国籍企業との競争にも触発されている。そのためそれぞれ自国に合わせた「第三の道」を模索しながら、E・U統合にむけ「自由」と「保護、規制」の調整を進めている最中である。

戦後の日本資本主義のなりたち

今から五〇年前、アメリカとの戦争に負けたことによって現在の日本資本主義の特徴が確立する。アメリカは当初、経済の自由主義と民主主義をベースにした国家を日本に建設する計画だった。しかし第二次世界大戦後の復興過程で、社会主義勢力の影響が世界中に急速な広がりをみせてきた。隣国の中国と朝鮮でも共産党の勢力が急速に拡大し、日本国内でも労働者への共産党の影響力を無視できなくなっていた。

そこでアメリカは占領政策を一転させ、日本を極東での共産勢力の防波堤とするために、共産党員を労働現場からパージし、そして戦犯として逮捕している戦争遂行者たちを釈放し、彼らに日本の急速な経済復興を託したのである。

その結果、戦争を遂行するためにおこなってきた国家総動員体制が再び活かされることになった。戦争中に軍需物資の生産と統制をしていた軍需省を通商産業省として再編させ、「対外障壁をもうけて輸入を規制し、国の援助と指導によって産業と企業の合理化をすすめる。そして国内市場での競争を通じて企業活動を活発化させ、生産性を高める」政策を実施しはじめた。

そして、朝鮮戦争でのアメリカの軍事特需を復興のチャンスとした政府は、基幹産業や大企業への税制、財政、金融、技術開発などさまざまな優遇措置を、国の急ピッチな経済復興計画の柱として組み込んでいったのである。

資源の乏しい日本が資本主義の先進国として復活するためには、原材料とアメリカの先端の技術を輸入して、安くて質の高い労働力で付加価値の高い製品をつくり、それを輸出して稼ぐ道しかない。そうなると豊富な労働力をいかに有効に使い、労働生産性を上げるかが決め手となる。一方で失業者を増やすことは生活不安を招き、社会主義勢力が影響力を及ぼすことでもある。つまり労働力対策こそ日本資本主義の成功の要となるのである。

アメリカ政府の主導で、すでにヨーロッパの資本主義国で「生産性運動」がおこなわれていた。戦後経済復興のために労使が一体になって生産性の向上に尽力し、上げた利益を企業と従業員、消費者の三者で分配する。そのことによって生活の向上を果たし、拡大再生産のための企業の資本として役立てるという考え方であった。

政府と大企業はこの「生産性運動」を日本にも導入して、一〇年間で国民の所得を倍増する計画を立てた。そして働くことに生き甲斐を求める必要性を「期待される人間像」として国民に示したのだ。

日中戦争がはじまると「国民精神総動員運動」を全国民を対象に実施しているが、二五年前のその精神と同じなのである。そして「生産性運動」に反対する労働組合員や政党員は、あらゆる手段を使って労働現場から放り出した。

その結果、運動をはじめて一〇年目には国民の所得は倍以上になり、急速に生活が向上していった。このことに自信をもった政府と日本経営者団体連盟（日経連）は、「資本の自由化」という本格的な国際化を前に、「全員参画経営」という方針を打ち出す。

その内容は「各人は自分の職分でその能力を最大限発揮し、秩序と服従を重んじ協同して効率を高める。また全人格の発露として創意的、自発的であること」と言う。これもまた戦時中の「勤労新体制確立要綱」とまったく変わらないものだった。

この方針はドル・ショック、オイル・ショックの後の「減量経営」で実現し、戦争中に労働組合と企業経営者が一体となってすすめた「産業報国運動」の現代版となった。戦争中の「産業戦士」が「企業戦士」と名前を変えて、企業総力戦体制の強化とともに玉砕覚悟の労働へと走っていったのである。

このような総動員体制を築き上げるために、国は年金や健康保険、失業保険などの社会福祉を充実させ、企業は終身雇用と年功序列、社内福祉で、従業員の生活の安定を保障した。

戦争中に国が「賃金統制令」や「重要事業所労務管理令」で、労働者の生活の安定を保障しながら軍需生産を進めようとしていた考え方と、まったく同じだ。

このように日本資本主義の国の特徴は、ヨーロッパ諸国のように社会民主主義党が労働者福祉と企業活動の規制のためにおこなった体制ではなく、保守党が日本資本主義の発展のために、戦時体制で実施した統制手法を持ち込んだものなのである。

国民もこのような保守党と企業の施策である「権力との拘束と依存」の関係を受け入れてきた。しかしヨーロッパやアメリカの国々では、人々は権力から精神的な自立をしており、そのことが権力を牽制し、社会福祉を充実させる力として働いてきたのである。

日本では変革を主導するのは権力者たちで、ほとんどの国民はただ彼らに依存し従っているだけだ。そのために今後日本が自由資本主義に転換してヨーロッパのような「第三の道」を選択しようとも、国民やサラリーマンたちが多くの犠牲を味わう可能性が強いのである。

日本の変革には必然性がある

それでは日本がどのような問題を抱えているのかを見てみよう。まず人口である。日本が資本主義国家を歩んで以来、人口は増え続けてきた。特に戦後五〇年で五〇〇〇万人も増え、このエネルギーが今日の日本を建設してきたと言える。しかし二一世紀には出生率は落ち、一〇年後には五人に一人が高齢者になり、いずれ若手の労働力は現在の六、七〇％まで落ちると推測されている。少子高齢化社会の到来である。

このことは現在の税体系のままでいけば社会保障費が増え続ける一方で、その財源を支える労働力の量と質が低下してゆくことになる。例えば社会保障費の負担は国民所得にたいして現在ではアメリカと同じ四〇％であるが、二五年後には七〇％になってしまう。企業負担では一四％とドイツと近いが、同じ時代には二〇％になる。その上、企業にかかる実効税率はドイツと同様にアメリカ、イギリスより一〇から一五％近く高い。

時間あたりの賃金の国際比較をすれば一九九七年では、日本を一〇〇とした場合ドイツは一三三、アメリカ九二、イギリスが七〇という具合に、日本はトップレベルにあり、企業の人件費負担は高いと言う。

その上、アメリカなど先進各国が抱える国債や地方債の借金は、一年間の国民総生産の五〇％程度であるが、日本では国民総生産とおなじ六〇〇兆円になっている。この返済資金の捻出も容易ではない。

この様に日本でも国や企業の負担が高くなっており、いずれは労働意欲の減退と企業活力の低下が生じてくることは目に見えているのである。

貿易面で見てみるとアメリカ、E・U各々、日本への輸出より輸入のほうが倍近くあり、特にアメリカへの日本の輸出依存は二五%にもおよんでおり、外貨準備高が世界でトップとなっている。その上外国への日本の直接投資は、外国が日本に直接投資する額より一〇倍以上あり、極端にアンバランスなのだ。

このように先進資本主義国としては、日本は異質なのである。アメリカなどからの市場開放の要求に答え、国内の企業を保護する規制を国際的な基準に緩和して、外国資本が日本市場に進出できる環境を作らない限り、ジャパン・バッシングは激しくなるばかりだ。

またバブルによって崩壊した日本経済を立て直すには、従来のシステムでは無理なのである。戦後五〇年かかって国家総動員体制で構築してきた日本資本主義の土台を、国家総動員による資産投機によって、一瞬にして崩壊させてしまったのだ。そしてついに都市銀行や大証券会社、保険会社が次々に倒産し、財閥系都市銀行までが国に救済され、合併や統合をしなければ国際的な金融機関としてやっていけない事態にまでになってしまった。もはや調整と自己規制のきかないシステムでは、日本資本主義の本格的な再生はないのである。

この原稿を書いている一九九九年（平成一一年）、事態は相当変わってきている。日本の対外投資の一〇％以下だった外国からの日本への投資が、三〇％に急増しているのだ。理由はルノーの資本傘下に入った日産自動車にみるように、不良債権と不況によって危うくなってしまった日本の大企業が、生き残りをかけて外国企業の資本と経営を受け入れたことにある。

また株価がピークの半額までに落ち、土地価格がバブル以前に下がったことで、外国資本の日本への投資チャンスとなった。それに加えて規制緩和や法人税の引き下げによって、日本への進出が容易になったこと、一三〇〇兆円というとてつもなく大きな個人の金融資産があること、リストラによって流動化している優秀な人材を採用できること、そして規模の大きい日本市場の将来性などが理由になって、主にハイテク技術を駆使する投資銀行や証券会社が続々と入ってきたのだ。

外国資本の進出に対応して日本の大企業、特に金融機関は、経営の効率化や収益率、株主を重視した経営、経営責任体制の明確化など、欧米的な企業体質へのスピーディーな構造改革が迫られはじめたのである。

これらの結果、失業率が朝鮮戦争以降では最高の五％となり、サラリーマンの収入はのきなみ落ちた。大企業の下請けとして経営してきた中小企業は、付加価値の高い商品生産が可能でなければ淘汰され、その一方でパソコンなどを駆使した個人による事業経営が、従来になく広がり出してきた。

今まで日本は消費者物価が高いために、もらっている賃金は国際的に高くても、消費購買力を加味した賃金水準では、ドイツ、アメリカ、フランスより低く、イギリスなみだった。それが企業競争が激しくなってゆく分野では、消費者物価が下がることで、先進国レベルの生活実感を得られる可能性もでてきたが、その一方でそれ以上に賃金水準が下がる可能性も高いのである。

その二　弱肉強食社会への展望

経営者が進める「第三の道」とは

国が主導して国民の行動をこまかく指導、規制し保護する時代は終わり、明治時代以来の変革を必要とする時代に入った。国が限定した目的を国民に示し、それに向かって総動員体制で進む時代から、国民の多様なエネルギーを自由に発揮させることで、国の繁栄を築く時代となったのである。大量生産活動に焦点をあてた社会から、多様な消費生活を発想の原点とする社会となる。

新しい時代の政府はこの目的を推進するための大きな枠組作りの役割をはたすことである。国民が多様な能力を発揮できる社会的な土壌を作り、自由な競争によって生じる弊害を調整しながら、日本の社会と国際関係の安定をはかり、社会進歩のための役割を果たすのである。

かつての自由放任の資本主義体制は、極端な貧富の差と経営権力の強大さによって社会不安を呼び、「自由」そのものを排除するにまで至ったことは、すでに歴史が証明している。また新たな試みとして実施した自由資本主義は、経済が活性化したとはいえ、アメリカでは金融資本と投資家がモラルのない国際的な為替投機で他国経済を破綻させ、国内ではスラム化の広がりと極端な所得格差の広がりになっている。資本主義初期に経験した富と権力の集中化と貧困の社会化を、世界中の人に思い起こさせる事態になってきた。

その教訓の上に立って日経連は二一世紀の日本は「第三の道」だとして、「ダイナミックで徳のある国」と題した小論を発表した。それは「人の顔をした市場経済」だとも言う。

そこでは「市場原理がもたらす歪み是正のために、社会道義、企業倫理を徹底し、中福祉、中負担の社会保障で、教育制度を充実した、徳のある社会・思いやりのある社会をめざすべきである。特に経営者は、市場万能主義を排し、『市場』と『道義』および『秩序』を三位一体させる努力を続けなければならない」と言っている。

そして「個人が自由を追求できる一方で、失敗者や弱者の人権は守られる『最大自由、最少不満』の日本社会」を目指すべきとも述べている。

過去数年間に発表している政府や日経連などの見解を調べてみると、その内容はおおまか次のようである。

「国家や企業などの組織の権力者達が国民や従業員を引っ張って行く社会は、もはや行き詰まった。金がかかるわりには生産性があがらなくなった。これからの日本の社会は権力が人々を保護しながら拘束、統制するのではなく、国民一人ひとりが自分の力で自分の食いぶちを稼ぐようにしなければならない。」

「人より良い生活をし自己満足を高めようとすれば、いつも人より労働生産性をあげなければならない。人より生産性がいつまでも低ければ所得と自己満足度は低いままで、場合にはリストラの対象にされる。適者生存と優勝劣敗のバトル社会となる。」

「このような社会では、国民一人ひとりに選択する自由と挑戦するチャンスが平等に与えられるとともに、市場に求められる能力と可能性を自分から引き出し、実現化する努力を常に求められる。大きな組織や権力も今までのように人々を保護しつづける余裕はなくなり、組織に心身を委ねて服従する個人は必要がなくなる。」

「社会福祉制度や社内福祉制度も国民や従業員一人ひとりが自立して、自助精神を発揮することを前提にした内容にする。そのためには福祉に期待し、頼って生きる人々が増えるような制度を改め、基礎的な部分を補佐するとか本当の弱者を救済するための福祉に限定する。」

「その一方、所得税は現在六五％の最高税率を五〇％に落とし、企業が納めている法人税と事業税を約五〇％から四〇％に下げてグローバル・スタンダードにして、経営者の個人所得や企業の資本を増やす意欲を高める。」

「そして自由競争と市場原理にもとづく日本社会を建設するために、政府は労働者が自由に働く企業を変えられる基盤つくりや、企業経営の情報開示と競争条件の公正化、生産者責任と消費者保護などの法制化を進める。また国家の社会的経済的な平和と安定に気をくばる。」

「次世代の子供達が多様な個性や創造性、能力を発揮できる教育を進める。地方自治体に大幅に権限を委譲して主体性をもたせるとともに、新設の民間企業や非営利組織の社会的な活動によって、従来の政府の役割を代替させ、権限を限定した政府とする。」

日本が進もうとする「第三の道」はこのような考え方をベースにしながら、企業と労働組合、消費者などとの協調的な共存を求めている。しかし主導的な役割を果たすのは企業経営者たちであり、彼らの経営意識や道義に負うところがきわめて大きいのである。

はたしてどれほど可能性がある構想なのであろうか……。長い時間をかけて作り上げられた労働慣行や経営システムが、容易に変えられるものなのか……。

企業が激しい競争のなかで短期的な利益を追求することになれば、経営者達が道義を守ったり労働組合との協調を重視する姿勢を、保持し続けることができるものなのか……。

権力への依存と全面的な服従が生活習慣となり、意識構造を形成してきた国民やサラリーマン達が、はたして短期的に自己主張をしたり、自由競争に対応できるようになれるのか……。

官僚主導で社会を形成してきた日本が、自由競争の歴史と独立、自尊の精神の旺盛な国民で成り立つアメリカや、個人主義の伝統のあるイギリスの社会構造を、ベースとして取り入れることができるものなのか……。

個人が主体性をもっているフランスやドイツでも、自由競争を前面に立てた社会に容易には転換できないのである。

ともあれこのような日本の変革の構想は、自由民主党でも民主党でも変わりはないのである。「国権」から「民権」、「自由」、「自治」へ重心を移し、「自助」↓「共助」↓「公助」を今後の日本国民の生活スタンスとする考えかたが、日本の二一世紀を決めることになってゆくことになる。

企業が握るイニシアチブ

それでは「労働」をどのように変えようとしているのか。

今までは終身雇用と年功賃金、社内福祉がサラリーマンの企業意識を高め、「職場人生」を可能にしていた。そのため従業員が自分の仕事に意義を感じて働く「人間尊重の経営」とか、人材の育成を含めて「長期的な視野に立った経営」が可能な、「経営と労働」の関係を確立できたのである。

これからの日本の企業経営では自由競争と市場原理を貫徹させながらも、「人間尊重の経営」と「長期的視野に立った経営」を進め、働く者の「自立」や「個の確立」を促しながらも、従来の「集団の凝集力」を活かすと言っているのだ。つまり個人主義を助長する制度と集団主義にもとずく今までの日本的な経営手法は対立する概念ではなく、互いに補いあえる関係だと説いている。短期的利益を求める企業競争と長期的な経営スタンスとも、補足関係にあると言っている。

個人主義の国イギリスでも国民に定着している連帯と平等、社会正義の社会民主主義的な価値観と、自由競争、市場原理の経済システムとの補足関係を模索している。この新たな考え方をどのようにして実現してゆくのか。実験的な変革である。

ところで日本企業が抱えている最大の「労働」問題は何なのであろうか。ブルーカラー同士では一・七倍の賃金差にすぎないが、サラリーマンの六五％をしめるホワイトカラーでは二・五倍の賃金差がある。しかし高賃金の高齢者の生産性は、賃金水準に届いていないのである。つまり今後労働人口が高齢化する事態を考えると、ホワイトカラー対策こそが日本の「労働」改革の柱になってくるのである。

賃金体系を職務実績と企業貢献、能力を明白に反映したものに変え、ボーナスや退職金、企業年金にも跳ね返す。そうすれば従来の年功による所得差は実績による所得差に変わり、高齢者でも基礎的な生活給部分のみの者や、年収が役員と同じような若いサラリーマンも現れることになる。そのことによって従業員全員の労働意欲をかき立てることになる。

そして従来からの社内福祉は企業との一体観を醸成するために特に有効な内容のみを残す。これらの施策によって総人件費を削減しながら、企業の生産性を上げるのである。

企業内でこのような改革をするためには、有能な従業員をいつでも確保でき、不要な従業員を放出できる社会的な労働市場の形成が必要となる。現在、労働者派遣法などによって形成されている短期契約者は労働市場に一五〇万人いる。その半分近くは家計を補助する主婦であり、残りは就職できなかったり、定職に就くことを希望しない若者達と定年後に働く人である。

しかしこれからは四〇歳以降のホワイトカラーなど企業が放出したい人や、再就職が容易でないために否応なく辞めないでいる人々が、流動化できる市場を早期に作り上げられるか否かによって、改革の進展度合いが決まってくる。

この様な労働環境の激変によって、今まで終身雇用と年功賃金で生活してきた個々の従業員と企業とのあいだに、様々なトラブルが発生する可能性が高く、労働争議や訴訟沙汰になる事態が増えてゆくだろう。そのため企業と従業員組合が協調して、個々人の問題解決にあたることがきわめて重要になると、経営者達は考えている。

つまり企業内組合との安定的な労使協調関係を従来以上な関係に発展させることで、自由競争と市場原理下でサラリーマンが背負う「負」の対策を進めようと言うのだ。

実際、イギリスでも産業別労働組合は次第に衰退して、実態解決を推進する企業内組合が主力になりつつあるのである。

「能力主義」と「人間尊重の経営」の意味

ここでは政府や企業経営者の言っていることに、過去の体験から疑問を投げかけたいと思っている。

日本という国は島国のために、外国人が日本に入ってくるとなると大騒ぎするようだ。江戸時代の末期にアメリカのペルーが来ると、砲門九〇門を積んだ四隻の黒船に驚いて、たちまち不平等条約を結んでしまった。

一八九九年（明治三二年）の今からちょうど一〇〇年前には、その条約を改正して、外国人が国内で自由に旅行や商売ができる内容にした。外国人との「内地雑居」によって、知識人や国民の多くは日本が乗っ取られる心配をし、労働組合は「外国の資本家が安い賃金で日本の労働者を搾取する」と大騒ぎをしていた。しかしこの様な事態はおこらなかった。

ところが渋沢栄一など大企業の経営者はこの事態をチャンスと捉え、中国と朝鮮に自分の経営する企業を進出させる方向に持っていったのである。このように経営者たちの思考には窮地を逆手にとって自分に有利に運ぶことが多く、戦後の五〇年間もその連続だった。

戦後、外国との「貿易の自由化」がおこなわれた一九六三年（昭和三八年）の時も、外国の商品が日本に押し寄せる危機感を逆手にとって、自分のほうから輸出攻勢をかける経営戦略を取っている。当時は高度経済成長がおこなわれている最中で、「資本の自由化」も日程に上っていた。

このときに日経連は「能力主義管理研究会」を発足させて、「日本的な年功型労務管理を能力主義管理へ発展させなければならない」と言っている。

その理由は「賃金水準の大幅上昇や技術革新、開放経済、労働者の意識の変化など、経済発展段階の高度化にともなう、わが国企業経営をめぐる厳しい環境条件の変化に積極的に対応」するためだと言う。今の経営者たちの話と変わりない。

そして能力とは「企業業績として顕在化させる職務遂行能力のこと」であり、「従業員個人個人が開発して労働意欲を喚起させ、少数精鋭主義で労働効率の高い経営をめざす」ことの必要性を訴え、「日本人の民族性の特徴である、小集団内での役割職務を通じて発揮されるようにするべき」で、それは「欧米の権利や義務にもとずく能力主義とは違い、人間尊重の経営である」と言っているのである。

そして「年功制は自発的な労働意欲喚起の効果が少なく、能力ある人間のモラールを低くとどめている」から「終身雇用制度も、やめる自由とやめさせる自由とを前提とした形の長期勤続奨励にもってゆく必要がある」とし、中高年を念頭において「職務の要請する業績が上がらない従業員には、社会的に就業機会の増大の傾向をも考慮して、社外における活動を援助することを考える」と語っている。今の日経連が言っているのとまったく変わりがないのだ。

「人間尊重の経営」という内容にはいくつかの意味がある。

仕事を標準化することによって大量生産システムが導入できた。その結果、仕事が細分化され分業が進み、労働者が単能工していった。そのことによって労働者は労働からの疎外感を強くし、労働意欲を減退させたのである。

もう一つはヨーロッパの経営者たちは労働者を単なる生産要素の一つとしか見ていない。そのために労使関係に人間的なつながりはなく、職務を通じた労働契約にもとづき、労働者個人に直接上司が仕事を命令する権力的な関係だけである。

そして企業は短期的な収益結果を重視する経営をするために、労働者の雇用が不安定となる。この結果、労働者たちは自分が契約した仕事以外の関わりには無関心で、むしろ雇用や権利、労働条件の向上のみに関心を持つことになり、労働争議が多発することになる。

もう一つはヨーロッパ社会は今でも貴族の上流階級と労働者たちの下層階級に分化されたままのため、貴族階級の者は非支配階級の者を蔑視し、逆に代々労働者の家系では支配階級にたいする嫌悪感を持っているのである。

一方日本では東京大学に入れる学力と能力さえあれば、親がいかなる仕事をしていても、公務員や大企業に入社して末端の仕事をしながら、いずれは権力者へと出世できる大衆社会である。また企業への国の保護と規制が強い日本では長期的な経営が可能で、労働者たちの雇用は安定している。

このような社会では労働者に多様な職務と集団的役割を与えることで、労働意欲と出世意欲を持たせることができる。その結果、大量生産労働の人間疎外から人々を精神的に解放でき、ヨーロッパの労働者たちのような権利の主張や、労働争議が多発するような「経営と労働」の関係にはなりえない。

このことが日経連が言う「人間尊重の経営」の意味なのである。

当時の「能力主義」と「人間尊重の経営」は、従業員個々人の能力の違いを処遇に明確に表わす方向ではなく、「全員参画経営」という総動員体制で、全員を高い目標と集団の役割職務でしばり、労働生産性を上げる方向に進んでいった。

それは大量生産体制では個性や能力の多様性は必要ではなく、単純な課題にたいする突撃能力だけが問われる。そのために集団をひとまとめにして追い立てる手法のほうが、現実的な効果で勝っているのである。年功や終身雇用を逆手に取った人事管理であった。

その三　職場の中はどう変わる

給料など労働条件の悪化

私が勤める銀行では中高年の平行員は、この五年間、給料は据え置きのままでボーナスは五〇％近く下げられ、年収は七〇〇万円前後である。役席者もボーナスは三〇％近く減額されているが、若年層では減額がないままとなっている。つまりボーナス部分で全体の支給額を減額しながら、年収で年功賃金体系を壊し、企業の業績と個人の貢献を反映させようとしたのである。平行員であれば三〇歳以降の給料はまったく変わらなくなった。

また保養施設をなくし、住宅補給金をはじめ戦後から続いていた金銭的な補助も廃止し、減社宅の使用料は大幅に引き上げられた。そして保養施設は利用者の負担は高いが、選択肢が幅広い外部の斡旋業者と契約したのである。

賃金制度も統合にあわせて、抜本的に改められる。年功部分をごく限定的にして、職務と業績、能力を年収に反映させる体系になる。ボーナスが短期的な実績をあらわすものとすれば、賃金と昇格は実績の蓄積と職務の難易さ、発揮した能力などを長期的、総合的に評価するのである。

上司との人間関係、支店の置かれた環境、目先の実績としては顕在化しなかった努力など、客観性に乏しい評価も加味されながら、賃金や退職金、企業年金が決定されてゆくことになるのである。

人員も富士、第一勧銀、興銀三行の統合後の二〇〇五年までには二〇％程度の削減になる。また金融監督庁へ提出してある再建計画の早期達成のために、収益目標などさまざまな目標が高くされ、その上各行とも「統合後には当行の行員がイニシアチブを取れるように」と煽られている。公的資金の受け入れと統合発表後、行員のストレスと労働時間は増えるばかりとなっている。

不況を機会に、このような構造改革がほとんどの大企業でおこなっているが、それは日経連が五年前に「新時代の『日本的経営』」を発表した、その内容に沿った変革なのである。

現在までに大企業でとり上げられてきた内容をふくめて言うと、次のようになる。

「産業平均の所定内賃金を一〇〇とすると、健康保険、失業保険、退職金、企業年金、共済会などの福祉費もふくめた総人件費は約一七〇となっている。賃金管理において企業が最も重視しなければならない点は、この総額人件費の圧縮である。」

「賃金は企業の支払い能力を反映させ、グローバル・スタンダードの尺度で判断する。ベース・アップは生産性向上との関係で判断することで、毎年実施するとは限らない。年功的な定期昇給は一定資格までとして、それ以上は職能昇格とか職務・職能・業績を反映した年俸制にする。」

「ボーナス総額は企業業績を反映させ、現在ボーナスの年収に占める割合は三〇%になっているが、四〇%に引き上げる。そしてボーナスの四、五〇%を各人の業績にリンクさせるようにする。」

「社内福祉制度は従来は生活援護等を中心として総花的に充実させてきた。今後は本当に必要な部分には重点配分するが、制度の趣旨や従業員のニーズが低下したものはスクラップ&ビルドの考えで見直す。企業の福祉厚生は個人の自助努力を支援したり、行政の果たすべき役割を補完するものだ。」

「ホワイトカラーの一定資格以上の仕事の仕方については、アメリカでみられるとおり、勤務の形態あるいは勤務の場所を問わず、労働時間の量によって評価するのではなく、労働の質や成果で評価すべきである。労働時間で管理すること自体が大きな障害になっており、裁量労働の範囲の拡大が必須である。」

このように総人件費を抑えながら労働生産性を上げるために、年収格差を現在の二・五倍程度から、四倍近くに広げ、従業員同士の実績競争を煽るようになる。

多様な雇用形態と中途退職

派遣労働法が出来てから主婦のスタッフが銀行の仕事に従事するようになり、現在では女性行員と同じ人数の人が支店におり、そのほかに支店の事務をサポートするセンターに、相当数の派遣労働者が働いている。彼女たちは時給で、一カ月一二日間働いて税金の配偶者控除を受けられる一〇〇万円程度の所得を得ている。

女性行員と同様の勤務時間で一年間働いても、総人件費では女性行員の三〇%程度ですみ、銀行業務には欠かせない人々となっているのである。

まだ圧倒的な男性たちは、銀行に職場人生を求めて入ってきていることには変わりはないが、若い男性行員たちが自分の意志で銀行を辞めたり、ハンチングされてまったく違う企業に働くケースが次第に出てきている。銀行も大学時代にさまざまな経験をしている若者を採用して、能力の多様性を活かそうとしている。若者の積極的な転職や、多様な能力を持った人材の採用が今後徐々に増えることが考えられる。

このような時代の変化を反映した多様な雇用形態を、大企業は導入しようとしている。それは主に三通りに分かれる。新卒で採用した終身雇用型の従業員を企業を支える核として、高い専門性を活かして高い収入を得るために企業を移動する年棒契約の個人、そして雇用調整が容易で事務や販売、技能などで終身雇用型の従業員をサポートする時給契約の派遣労働者である。

日経連は、従業員が自分の人生を主体的に生きようとすれば、従来のように一つの企業にへばりつくことはないと言う。確かにノウハウを高めればその専門性を他社で高く売り込むことも可能であるが、ほとんどのサラリーマンが新卒で入社した企業でノウハウを磨くことを考えれば、有能な人材は企業でも離さない。

高度専門能力を売り物にできる人材は組織社会の拘束になじまない人や、勤めていた企業が倒産した人、中小企業のハイテク産業で働いていた人などである。

企業が余剰人員として、労働生産性より総人件費のほうが高いとしている従業員は平均で二〇%で、四五歳以降から増えて五五歳では四〇%だと言う。このような従業員や能力開発がすまなくなって採算にあわない人材を、「役職定年制度」で子会社への出向や転籍させたり、「早期退職制度」で辞めさせる。

その年にまでならなくても、長時間にわたる拘束と高い目標、激しい競争とプレッシャーに耐え切れなくなった従業員も辞めることになる。若者たちの生活意識や忍耐力は、高度経済成長期の人々とは大分違っており、賃金が上がらなくても、物価が下がるか安定していれば、妻と共働きをすれば生活はやってゆける時代なのだ。

日本の労働市場の流動化はこのようにして辞めた人々が増えることで、次第に確立してゆくのである。

能力別の人事管理

それでは企業内の人事システムはどのように変化するのか。ここでも三、四コースに分ける。企業の中核としていずれは社長、重役、支店長になって、経営にたずさわろうとする男性中心の基幹的なグループに、新卒の男性全員が入ることになる。

三〇歳ごろになるとそのまま出世コースを歩む人と、一定の職位までしか昇進しないが専門的な仕事に特化する専門職コース、もしくは営業などの専任的な仕事だけをする専任職に別れることになる。多くの女性は定型的な事務や業務にたずさわる事務職コースに就職することになる。

基幹職は所属組織全体の推進力としての積極的な役割が不断に問われ、専門職と専任職は自分個人と所属する部課の役割責務が、そして事務職は自分個人の仕事への責任となる。コースごとの賃金体系は違い、同じコースでも実績と能力を反映した処遇となる。

日経連が、「個の主体性を確立」した人々による、「集団の凝集力」を日本の企業活動のエネルギーとすると言っているが、それを厳しく求められるのがラインコースの基幹職なのである。

人事評価は実績を中心としながらも、企業管理者、経営者としての資質や協調、後輩指導など多面的に見られる。そのために心身とも企業意識で固まることになる。

従来管理職になれた基幹職は従業員の六〇％であったのを、まず四〇％に削減する。そして社内研修は従来は八〇％が受けていたがこれも自己開発を中心にして、いずれはアメリカ並みの二〇％程度にする方向なのだ。

三〇歳過ぎにラインから外されスタッフとして専任職や専門職となった人々は、自分個人のノウハウを活かす仕事に長期にたずさわるため、ラインの者より能力や実績評価が明確になる。またラインより下位に位置づけられ昇格も限定しているために、必然的に企業から精神的に自立する男性たちが存在するようになる。アメリカのホワイトカラーの四〇％が裁量労働の対象になっているが、日本でもこの層が対象になる。その結果、従来のように企業に依存した意識のままであれば、仕事漬け人生にもなってしまうのである。

目標管理については今までは上司が主導的な役割を果たしていた。今後は従業員自身の自発性と主体的なかかわりを、強く求められることになるが、世の中のシステムが変わるからと言って、人間の意識がそう簡単に変われるものではない。そのために実質的にはこれからも上司の意見が目標や評価を左右することになる。

そのために人並みの能力であれば業績アップの際限ない同僚同士の競争となる。

また外国の企業が入ってきて日本の企業との容赦ないバトル競争が起きれば、「個の主体性の確立」と「集団の凝集力」の結合などと言って、従業員の自発性を待つどころでない。従業員を信賞必罰で煽ることは目に見えている。

そうなれば家族を持っている多くの従業員は、身にしみついた権力への恐怖心と拘束感によって、従来以上に玉砕覚悟の職場人生を歩むことになる可能性が高いのである。

不平不満を吐かせる組織

労働組合の組織率はアメリカで一五%、イギリス、ドイツで三六%であり、労働争議ともども年々低下している。その理由は産業別交渉から企業別交渉に重心を移したことと、生産性向上の国際競争のたかまりを背景にして、雇用や労働時間、賃金など重要な労働条件決定に、互いが弾力的な姿勢を取り出したこと、企業が産別組合の組合員の雇用を避けだしたことなどがある。

欧米諸国の組合はブルーカラーが主体であるが、日本はホワイトカラーも対象になり組織率は全就業者五三〇〇万人の二三%である。民間だけでは大企業を中心にして二〇%で、そのほとんどが企業内組合だ。階級対立を基調とする上部組織の組合員はそのうちの二〇%に満たない。

労働省の数年前の調査であるが、過去一年間に自分個人の処遇に不満を持った従業員で、問題を解決をしようと思った者は三〇％近くいた。その相談をしたのは上司がほとんどで、組合に持ち込んだのは二〇％以下であった。

なぜか。日本の労働組合の特徴が企業内組合でユニオンショップのために、経営幹部候補として採用された者も組合員となり、組合での人間関係と企業での人間関係が一体化しやすい。また組合幹部になることが出世するコースでもあるために、役員として泥縄に陥りやすい組合員の個人的な問題へ首を突っ込むのを極力避ける。

一方、企業とすれば個人的な問題を組合との公の議題にすることによって、組合全体の問題に発展させずに、個別に穏便かつ早急にことを解決するほうが、人事管理上良いとの認識に立っている。このような双方の立場が一体になった結果が、労働省の調査にあらわれているのである。

また同じ調査によると、労働組合がない企業で組合の必要性を口にした従業員は一〇％にすぎない。これらのことを総合すると従業員組合が組合員にとって絶対必要な存在ではないと言える。

逆に企業には従業員組合は絶対必要であり、今後ますますその役割は高まると考えている。それはもしユニオンショップの従業員組合がなければ、基幹的な従業員のなかに少数の人員の組合ができて、契約採用の専門職の者や派遣労働者を企業内で組織する。そうなれば権利意識の強い組合が結成される可能性がある。

また産業別個人加盟の組合が企業内に組織を増やせば、個別企業の実態とはかかわらず産業ごとに同一の労働条件が求められる。そうなれば流動化する労働力の市場が自由競争にならず、企業の思うような労働条件での採用が不可能となる。また企業内での労働問題や組合員個人の不満も社会的な問題になりやすい。

このような企業活動に障害をおこす組合を極力排除するためには、現在の従業員組合の存在が欠かせない。基幹的な従業員の今後増える不満の解決に労使が一体になることが、日本的な「人間性の尊重」や「長期的な視野に立った経営」を柱にした二一世紀の人事管理を可能にするわけなのだ。

つまり従業員組合に今まで以上に、「人事部組合課」的な役割を負わそうという考えだ。企業は「個の主体性」を従業員に口にしながら、従業員組合の企業への依存と組合員の従業員組合への依存をも望むという、自分に都合の良い願いを持っている。

高度経済成長以後今日まで、従業員組合との労使協調体制が企業総動員体制を可能にしてきた。しかしその反面、組合が改めさせたり牽制すべき企業による従業員個人への人権侵害や、反社会的な経営活動を黙認してきたのである。この反省を踏まえれば「光栄ある野党」として、経営と一線を引いた労働組合の存在こそが二一世紀の健全な労使関係を形成するのである。

三章　新時代のサラリーマンの生き方

その一　日本人の依存心

日本人の独自性

その国の人々の精神文化は過去の歴史を検証するとともに、他国と比較してわかるものだ。「日本人ははっきり自分の意見を言わない」とか「組織のためには個人を犠牲にする」という日本への評価はヨーロッパの人々だけでない。日本のサッカーチームで活躍する韓国のプレーヤーは、当初そのことで大分苦労すると言っている。また海外のクラブチームに行っている日本人プレーヤーは、外国の多くのプレーヤーたちが自分中心であることに驚いている。

例えば隣の国で歴史的に一番深いかかわりがある韓国と比較すると、その違いは大きい。いずれも中国の儒教の教えを生活習慣として浸透させているが、韓国では家族関係でその影響が強く、日本では上下関係で強く影響されている。宗教では韓国ではキリスト教を信奉している人々が多く、日本では仏教が中心的とはいえ、実際にはどんな宗教でも生活に役立つかぎり利用する人々が圧倒的である。

年末にはクリスマスでキリストの生誕を祝い、正月には神社と寺にお参りに行く。結婚式は教会で挙式をして、葬式はお坊さんを呼ぶ。言葉でも同じで、平仮名、カタカナ、漢字、ローマ字、英語と何でも日常的に使い、料理でもラーメン、カレー、スパゲティーなど日本式にしてしまう。

韓国では坊さん同士が殴り合いをするし、労働組合の争議や学生運動でも一人ひとりが強く自己主張をする。また近親者が亡くなったときは人にはばかることなく、悲しさを体いっぱいで表現する。しかし日本人は個人としての主張や自己表現はどのような時でも抑え気味だが、集団の一員として組織の決定には盲目的なまでに従い、猪突猛進的に行動する。

太平洋戦争では日本は、アジア制覇を果たそうとしたが、近代国家として日本帝国憲法を発布してからたかだか一五年以内に、すでに大国中国とロシアとの戦いに勝っているのである。このような国は日本が近代国家の建国を学んだドイツ帝国しか見当たらない。

世界では韓国のような国のほうが一般的で、日本のほうが特殊な国である。

秀吉が権力を握っていた一六世紀に日本にきたポルトガル人のフロイスは、日本の風俗習慣全てがヨーロッパとまるっきり反対で、「ヨーロッパでは言葉において明瞭さが求められ、曖昧さは避けられる。日本では曖昧なのがよい言葉であり、最も重んじられる」とし、「われらは憤怒の情を大いに表わすし、短気さを抑えることはほとんどない。彼らは特異な方法でそれを抑制し、たいそう控え目で、思慮ぶかい」と、ヨーロッパに紹介している。その後も日本で生活したヨーロッパの人々は、「穏やかで賢く、礼儀正しく、勤勉で、責任感が強く、好奇心が強い」とその国民性を語っている。

他民族からの武力的侵略のない島国、四季のある温暖な気候と農耕を中心とした生活、密度のきわめて高い人口、先進的な外国文化への強い関心、これらがさまざまに影響して以上の様な独自の国民性や、権力と集団的秩序のありかたが作り上げられてきたのである。

自立できなかった国民大衆

このような日本人が近代国家の急速な建設の必要性にともなって、国家権力に強引に引き回わされてゆくことになる。

「広く会議を興し、万機公論に決すべし」「上下心を一にして盛んに経論を行なうべし」の「五ヶ条の誓文」にはじまった明治の近代日本国家の土台は、天皇権力の前に「士農工商」の階級はなくなり、「四民平等」となったことである。

福沢諭吉など、ヨーロッパ先進国に渡って国民精神や文化を学んできた啓蒙思想家たちは、日本が近代国家を形成するためには、平等になった四民一人ひとりが自立した精神を持って、国政にかかわるようにならないと無理だと思っていた。そのために福沢諭吉は「学問のすすめ」

など で、「天は人の上に人をつくらず、人の下に人をつくらず」「一身独立して、一国独立する」と、国民を啓蒙しつづけたのである。

また中村正直は「人民の性格を改造する」と題した文章で、日本人の多くは「奴隷根性の人民なり。下に驕り上に媚びる人民なり。無学文盲の人民なり。自立の意志なくして人に依頼するを好む人民なり」と、このことを正さなければならないことを訴えた。

そして近代の日本国家の建設が国の権力による統制ではなくて、天皇のもとで自由と人民の権利を広め、イギリス型の民主主義政治を訴えて、「自由民権運動」へと進んでいった。

しかし国民の八割をしめる農民たちは何世代にもわたって、末端を五人組集団として生活の全てに連帯責任を持たされ、権力から拘束されてきている。そして儒教的な上下関係を教育され、厳罰と温情で支配されてきた。そのために上の者の顔色をうかがってへつらい、下の者にはその逆に態度が横柄になる人間関係や、権力からの拘束と引き換えに権力へ依存する気持ちが骨身にしみこんでいたのである。

また明治の変革は下級武士や富農、豪商などによっておこなわれ、農民たちが生命をかけて主体的に闘いとった変革ではないために、権力が変わっても自立精神が育ったわけではない。

一方、明治の権力を握った人々は日本が植民地にならないためには、急速に「富国強兵」国家にする必要を感じていた。またイギリスやフランス、アメリカなど先進自由資本主義国での貧富の極端な差と金持ちの浪費生活、労働者の貧困生活と暴動、勤労精神や社会道義の欠如など、自由放任社会の問題点を見ていた。

そこで学んだのが後進の農業国であり、国家権力によって企業と国民生活を保護・規制し、自由放任社会主義の問題点を克服しながら、資本主義国へ急速に発展していた小国プロシヤであった。

プロシヤは、大国フランスとの戦いに勝ち、ドイツ帝国を建国して、皇帝の下で憲政を実施していた。かつては皇帝に絶対的な権力を集中した軍事国家で、国を兵舎に見立てて、生殺与奪の権を持っている農民兵たちを軍律と上官の暴力で縛り、命令一下、白兵戦で突撃できるように訓練していた。その軍隊で鍛え上げれられた将校や下士官を、行政官僚、警察、国民教育、企業経営にたずさわらせている。そして労働運動や社会主義勢力には予防対策に力を入れ、リーダーたちを徹底して叩く一方で、労働者福祉を率先して取り上げていた。

明治政権は権力の拘束と権力への依存をベースにするプロシヤの制度や精神を日本国民に応用したのである。

統治手法のオンパレード

しかし日露戦争での体験によって、プロシヤ型の厳しいだけの軍事教練や兵舎生活だけでは兵隊の自発性が発揮されず、玉砕覚悟の戦いが組めないことがわかった。その結果、中隊長を厳父とし、下士官を慈母とした儒教的な家族主義関係を取り入れ、平素は部下に上官が温情をかけることによって、いざとなれば部下は上官の気持ちを忖度して、自発的に玉砕的な戦闘をするという考え方を軍部が導入した。

その後、陸軍兵器工場にも軍律と家族主義を結合した労務対策が実施され、民間企業にも「事業一家」として、次第に広がったのである。

太平洋戦争になると地域住民を五人組集団に組織して、戦争遂行の連帯責任を国民一人ひとりにもたせる。職場では労働組合を解散させて、「五人組集団」「軍律」「家族主義」を一体化させた労務管理で「産業報国運動」を実施した。その運動は社会主義国ソ連の生産競争運動を真似たもので、「労働規律」や「軍需品の生産」、「品質向上」などさまざまな課題と際限のない高い目標を与えた。そして大キャンペーンを張って、全国の職場の五人組集団同士を競わせたのである。

しかし敗戦まぎわになると運動を展開するゆとりはなくなり、個人個人へ信賞必罰でのぞみ、英雄と見せしめを作り上げて玉砕的な生産活動を煽った。

この様にして、近代国家建設のために国民や労働者は自立精神を押さえ込まれながら、太平洋戦争中には権力に翻弄されたのだ。

戦後の経済復興は、戦争当時「産業報国運動」や企業統制にかかわっていた人々によっておこなわれた。彼らは戦争中に統合した労働者統治手法に加え、アメリカから導入したコンピューターによる目標管理と、ドラッカーなどアメリカ行動科学理論家の労働者の心理を活かした手法を、企業経営に取り入れていったのである。

このようにして世界の言葉や食べ物が日本人に取り入れられたように、明治以降あらゆる種類の統治手法が取り入れられ、どのような状況でも労働生産性をあげられるように、複合していった。国や企業が自分の思うように国民や従業員を一方的に引っ張ってゆくためには、自立しない人間のほうが使い良かった。

その一方これらの統治手法が有効だったのは、国民やサラリーマンたちが国や企業に依存して生きてゆける安心感があったからなのである。

しかしここにきて、まったく逆の事態になった。もはや世界のトップクラスの経済大国の日本には、国が国民を引っ張ってゆく目標はない。大企業も多国籍化してしまい、国内市場を閉鎖したまま、猪突猛進的な企業経営では国際的につまはじきになる。国が企業を保護育成する意味も、企業が従業員を保護育成して引っ張る意味もなくなり、企業の倒産、買収、合併、分社化などがありふれた時代になれば、従業員の企業への依存と忠誠心は自然と薄れる。

国の発展と日本の社会進歩は、統制と規制の社会構造から自由競争と市場原理を原則とする社会構造に変革する以外に方法はない。つまり明治時代の自由民権運動の精神を土壌とする日本社会をつくることで、国民一人ひとりのさまざまな能力や個性、創造力を発揮させ活かす。そのことで多様な花を開かせなければならない時代に入ったのである。

しかし、企業経営者たちのやろうとしていることは、従業員への総人件費を下げながら一人ひとりを従来以上に有効に働かせ、労働生産性を上げる。そのために従来の手法も活かそうとしているのだ。そうなれば個人同士の自由競争が激しくなる分、普通の能力と実績しか上げられない従業員は今まで以上に精神的、時間的にも企業に拘束されながら、差別を受け、かつ収入もいっこうに上がらない事態になる。

時代に即応できないサラリーマン

企業は事態の変化に即応しながら経営を変えていくが、依存精神が身にしみ込んだ従業員たちは自らに熱い火の粉が降りかからないと、事態の変化を身に染みて感じない。また感じたとしても自分を変革して積極的に対応することは容易ではなく、犠牲者となる可能性が高いのである。

今、一番経営環境が変わってきているのが銀行ではないだろうか。バブル崩壊後には三〇年ぶりに人事管理が業績と忠誠心中心の評価から社会常識、人格などを含めた総合的な評価でおこなわれるようになった。本部から支店に下される課題と目標数値とも落とされ、一定の努力をすれば到達できるように変わった。残業時間のカットもなくなり、七時前後に仕事を終えられるようにもなったのである。収益至上主義の総力戦体制の崩壊である。

しかしアンフェアーな経営を正そうとするトップ経営陣にくらべ、支店ではその反応が緩慢であった。残業時間の自主的なカットが長い年月常識になっている行員たちは、「働いた時間はきちんと請求しろ」と上司から言われても、それまでより少し多くしか請求しない。経営者達の言葉を本心かどうか疑っているのだ。人によっては二〇時間のままで、自分が企業意識が高い人間であることを周りに誇っている。そして支店長から叱られて、やっと実際の時間を請求するのが、ほとんどだ。

ところが三年前になると不良債権の償却のために収益は落ち、資産内容が悪くなってきた。その結果、国から公的資金を借りることになる。その代替条件として「金融ビックバン」後の国際競争に負けない構造改革を迫られ、人員削減と収益体質の強化策を実施しなければならない事態となった。その上に、三行の統合が計画化された。

その結果、本部から下りる課題と目標は高くなり、人員が削減したなか行員たちは再び労働強化と残業カットの時代に逆戻りしたのだ。男性たちは八時ごろから仕事がはじまり、帰りも九時ごろになったが、一カ月の残業時間の請求は三〇時間台で止まった。ボーナスと社内福祉は大幅に下げられ、給料は何年もそのままだ。このような銀行経営の急変に男性たちはたいした抵抗のないまま従ったのである。

従ったのが悪いというわけではない。自分の働く企業が危機的状態であれば、何とかしたい思うのが当たり前である。しかしこの二五年以上、銀行が危機的状態であったわけではない。それにもかかわらず、一カ月二〇時間しか残業時間を請求できない状態が続いてきた。そのことの意味を考えるチャンスを銀行が与えてくれたにもかかわらず、考えることのないまま、安易に逆戻りを認めているのだ。総力戦体制型の日本的経営を再び蘇らせることでしか、国際自由競争時代を迎えられない銀行経営と、それに追随する行員たちの主体性のなさが問題なのである。

このようにサラリーマンのほとんどは、今だ企業経営からまったく受け身のままだ。日本国内にアメリカやヨーロッパの企業が進出してくれば、経営職でもない者を長時間労働で使い、サービス残業させ、有給の休日も与えないようなアンフェアーな日本の労働慣行は槍玉に上がるだろう。それればかりではない。バトル競争になれば、自分の働いている日本の企業がいつ買収されたり倒産するか、いつ自分が解雇されるかわからないのである。

このような事態は目の前にあるのだ。だからこそ、三〇〇年以上つづいてきた住友と三井の財閥が合併しなければならないのだ。このことをサラリーマンたちは真剣に考えなければいけない。企業経営の大転換はサラリーマン生活の大転換なのである。

その二　自立の精神

アメリカの独立宣言の影響力

ここで日本国憲法や民主主義システムを戦後日本に持ち込んだ、アメリカの自由と独立の精神について触れてみよう。日本に鎖国をやめさせたのがアメリカであり、多くの日本人が近代思想の何たるかを学んだのも、また明治時代の後半から大正時代にかけて労働者や小作人、貧しい人々などの、社会的地位の向上と生活改善に献身的に活動した人々の多くも、アメリカでの生活体験がもとになっている。日本の近代化へのアメリカ社会から受けた影響は、はかり知れないものなのである。

日本のサラリーマンたちが新しい時代に即した生き方をしようとすれば、自由資本主義の本家であるアメリカ人の自立したものの考え方を、改めて知る必要がある。

アメリカ大陸への本格的な移民はイギリスのピューリタンからはじまった。本国で信仰の自由を奪われ、アメリカの地で理想郷をつくろうとした中産階級出身者や大学出の青年がリーダーとなって移民がおこなわれた。つづいてヨーロッパの国々からも、王や教会の権力から抑圧されていたさまざまな階層の人々や、豊かな生活を夢見た人々が次第に移民をするようになる。

彼等は権力者や権力機構のない新しい地で、新しい人々とお互いに影響しあってつくる新しい生活様式や、自治システムのもとで生きて行くようになる。本国で受難していたキリスト教徒の理想郷への思いや、移民後の生活体験がもとになってアメリカ建国の精神が生みだされた。

「一　すべての人は生来、ひとしく自由かつ独立しており、一定の生来の権利を有するものである。これらの権利は人民が社会を組織するにあたり、いかなる契約によっても、人民の子孫からこれを奪うことのできないものである。かかる権利とは、すなわち財産を取得所有し、幸福と安寧とを追求獲得する手段をともなって、生命と自由とを享受する権利である。

二　すべての権力は人民に存し、したがって人民に由来するものである。行政官は人民の受託者でありかつ公僕であって、常に人民に対して責任を負うものである。」

この文は最初にアメリカで出来た自治体、ヴァージニア州の憲章として発表されたものであり、これが元になってジェファーソンが同じ趣旨の「アメリカ独立宣言」を起草した。

「われわれは自明の真理として、すべての人は平等に造られ、造物主によって、一定の奪いがたい天賦の権利を付与され、そのなかに生命、自由および幸福の追求の含まれることを信じる。」

この内容は同じ時期におきたフランス革命にも影響を与え、「権利宣言」の第一に「人は自由かつ権利において平等なものとして出生し、かつ生存する。社会的差別は、共同の利益の上にのみ設けることができる」と述べている。

しかしアメリカ独立宣言が画期的なのは、国民一人ひとりが「自分の自由と幸福を追求する権利」を平等に認めていることなのである。国家権力から自由や幸福を与えられるものではなく、自分の主体的な努力にとって求めることを保証している点である。フランスの絶対王政下で国民が苦しんできたのと、絶対的権力者のいないアメリカの土地で新しい国を建設するのとは、国民の意識が大きく違ったのである。

その後、アメリカの経済的な発展とともに富を持つ者と持てない者が別れ、立場によってキリスト教への理解や解釈が異なるようになった。富める者は自分の職業を通じておこなう利殖行為を、神の栄光を称えるものとして理解した。そのため配下の奴隷や労働者達には秩序と規律を守り、勤労に励むようキリストの教えを説いた。

一方労働者たちは、富や権力を持つ者の抑圧によって犠牲となっている自らを救済することこそが、神の前での平等と慈愛の教えであり、自由と独立の精神であると理解した。この考え方が、労働組合運動とともに日本に持ち込まれたのである。

人類の到達した精神

アメリカ独立の精神はプロテスタントの精神でもある。聖書に書かれているキリストの教えは人間の心の内面を律するもので、精神的な自立を促す内容である。また神のそそぐ愛は、いかなる人間にも平等に与えている。

しかし約一〇〇〇年間にわたってカトリック教会はヨーロッパの人々の精神のみならず、政治や経済など世俗的世界の全ての分野にわたって支配してきた。教会への奉仕によって人々は救われるとして、教会は貧しい人々からさまざまな名目で金を集め、教会権力の強化や僧侶の世俗的な欲望にあてていた。

このような僧侶を仲介とする教会権威を批判して、聖書のみにもとづいて一人ひとりがキリストとつながり、神の救いにあずかると説いたのがプロテスタントである。神の栄光を称えるために自分の職業に励み、一人ひとりが清く質素な生活に身を置く。そして積極的に人々のなかでキリストの教えを説き、博愛的な奉仕活動を実践することが真のキリスト教徒とされた。

また神と個人との直接的な関係を説くことによって、個人の尊厳、人間の平等と自由、独立など人権思想が広まってきた。

一七世紀の半ばにイギリスでは、プロテスタントの流れをくんだピューリタンが中心となって「ピューリタン革命」をおこし、共和制の国家を築いている。その約五〇年後におきた「名誉革命」はジョン・ロックの思想に影響を受けたもので、いずれもアメリカ民主主義にも多大な影響をおよぼした。

ジョン・ロックは「人間の自由」を従来の「拘束からの解放」から「自らの判断で決定する」ものへと発展させ、「自立」することが「自由」を獲得することとした。また国家が形成されていない自然状態では、人間一人ひとりの生命や自由、権利、財産は他人から侵されない。この侵してはならない権利を国民各人から委託されたのが国家であり、それを確実にするために三権を分立させ、国民の選ぶ代表者によって構成される立法府を最高権力とした。

個人の自由と民主主義を問うルネッサンスからはじまり、ジョン・ロックによって確立してきた啓蒙思想を、人々はイギリスの「名誉革命」、アメリカの「独立宣言」、フランスの「権利宣言」、日本国憲法、そして「世界人権宣言」などを通じて、人間社会に実現しようとしたのである。

このような近代啓蒙思想や日本国憲法は日本人なら誰でも学校で勉強しているし、受験問題にも出てくる。しかし誰もが社会にでると現実はまったく違うことも知っており、実際にはその多くが役立っていない知識なのである。なぜか。民主主義国家建設にとって豊かな精神的な土壌は、日本人にはなかったのである。アメリカ独立宣言で言うように、日本人個人個人が自分の生命と自由、幸福を追求する姿勢があってこそ生きてくる日本国憲法なのであり、権力に依存しているかぎりは無用な長物なのである。

しかし今や啓蒙思想と日本国憲法は無用な長物にしてはいけないのだ。この精神を人生の指針として、「天は自ら助くる者を助く」行動をしなければ、負け犬の遠吠えか後悔の生涯をおくるサラリーマンたちが、多くなる時代に入っているのだ。

武士道から学ぶもの

長い日本の歴史のなかで、総力戦体制で国民が企業・会社に精神的に追い立てられる生活をしてきたのは、太平洋戦争中から現在までの、たかだか六〇年ばかりだ。明治時代に入ってから「富国強兵」国家つくりを急いだとはいえ、全国民を精神的に追い立ててはいない。精神的に追い立てられたり煽られることは、人の気持ちを荒立て物事を真剣に考えるゆとりをなくす。その結果、我々は刹那的な生き方や、目先の欲望を満たすだけの生活に没頭するようになってしまったのである。軍隊的統制や戦闘を前提にした体制は日本人の国民性を殺すものである。

「これからは弱肉強食の自由競争の時代だから、人に負けないためには、自分を精神的に追い込む生き方をしなければならない」と言う。しかしこうした体制に受け身のままであれば、精神的なゆとりはこれからもない。日本人の国民性とも言える穏やかで賢く、忍耐強く、礼儀正しく、好奇心の強い資質は変わってしまったのか。

総力戦体制にしろバトル競争にしろ、いずれの体制も日本人にとって不似合いであり、落ち着いた社会環境でこそ日本人の資質の良さが生きてくるのである。

江戸時代の武士たちが徳目にした精神は、「克己、礼儀、威厳、信義、節義、忍耐、情け、勇気、気概、質素、謙譲、廉恥心」であり、「卑怯、卑屈、未練、傲慢、貪欲、虚飾」の心のない人間になることであった。武士たちは生活のなかで不断に自分の人間としての弱さを克服し、品性を磨き、厳しく己を律していたのである。

この内容をみると現代のサラリーマンに欠けているものばかりである。私も未熟な人間だけど、子どものころ親から「武士は食わねど高楊枝」という言葉を何度も聞き、この言葉のなかに克己心や威厳をふくめ、人として生きるために大切な精神を学んでいた。そのために卑怯にも卑屈にもならず、勇気と謙譲、忍耐を生きるための精神的なよりどころにし、また人より質素な生活ができた。

支配階級の武士が「死」と「生」への問いを通じて不断に自分の心の内面と葛藤し、自分の生き方を律するということは、「精神的な自立」と「個の確立と主体性」を促すことである。そのことはまた自己変革のみならず、社会変革に主導的な役割をはたせる精神力を育てることでもある。私たちは武士の徳目の中身とともに、自立への精神をも学ぶ必要があるのである。

農民たちの徳目は第一に「公義を重んじ、耕作に勤め」「我欲を去り、約束を重んじ、村全体への協力と相互扶助を実践する」ことで、その細目は権力への服従と勤労、生活指導という内容であり、今までのサラリーマンに企業が望んでいたことと多くが変わりがない。

かつて二宮尊徳は、国民の八〇％をしめる農民に、仕事に励み、倹約をして財を蓄積する。そして蓄積した財で人々の役に立つべきだと、人間として「誠」に生きることを説いている。二宮尊徳からサラリーマンが学ぶべきなのは、自分の頭と体を働かせて主体的に仕事と向き合い、質実で倹約した生活をして、人に役立つ人生を送ることである。

蓄財と出世を他人と競うことは人間の精神生活を貧困にするが、自分の「生」に誠実に生きることは、人の心と人生を豊かにするものである。

日本人が自立するとは

欧米人は人と議論すると互いに強く自己主張をして、おうおうにして相手を認めない。また自分が悪くもなるべく他人に責任を転嫁する。非を認めれば金銭を含め、多大の責任を取らされることになるからだと言う。

その一方、日本人は自分が悪くなくても、すぐに謝る。人より下手にでて謝っていれば多少の非は許されるからだ。また対等に人と議論をして自己主張することが出来ずに、権威のある人の意見に従ってしまう。権威のある者は自分にたいし対等に意見を言う者を生意気と思うのだ。

しかしいずれもおかしい。自分に非があれば謝るのが当然であり、非がなければ謝る必要はないはずである。欧米人、日本人いずれの態度も議論を通じて相手の多様な意見を知って、自分を高める態度ではない。

特にアメリカの社会はおかしい。泥棒が屋根づたいに逃げる途中、屋根が抜けて落ち、怪我をした。その泥棒が怪我をした責任を裁判で訴えると、損害賠償が認められた。

コーヒーを入れた紙コップを股にはさんで車を運転していた人が、コーヒーの熱さで事故をおこした。その人が熱いコーヒーを売った店を訴えると、大金の損害賠償を認められたのである。アメリカにはこのような何でも訴えたほうが得という、理解できない話に事欠かない。

上司が変わっても、自分のスタンスを絶対変えない欧米のサラリーマン。上司が変わって白を黒と言っても、理屈抜きにその上司の意見に従う日本のサラリーマン。何かあるとストライキをすぐに打つ欧米の労働組合と、何があっても争議をおこさない日本の従業員組合。

このように欧米人は往々にして自己中心的であり日本人は往々にして権威依存的で、いずれも自立している精神ではないのである。個人は人間集団の一人として他人と一緒に生存しているために、互いに協調しなければならない。その一方で所属する個人の自由な精神と能力の発揮が、個人の幸せと集団の発展となるために、個人の個性や多様性をお互いに認めあわなければならない。この二つの原則を人生観として統一しながら生きている人が、自立している人と言えるのである。

二つの原則を守るということは、個人として自由であるとともに自分を自分で律することを意味する。自分を制御できる精神が強い人ほど、自由と独立の精神が強くなる関係にもある。自分と人の生命の価値を考える程度が、自己制御のありかたと程度を決める。

日本人の自立にとって、死を前提にした自尊の心と質実な生活を育む武士道を学ぶことが、大切なのだ。思慮ぶかさや勤勉さなど日本の国民性の良さが、武士道のなかに存在しており、武士の心を持って日本国憲法の精神でもある、アメリカ独立宣言の精神や近代啓蒙思想を学ぶ。そのことによって日本人の自立のありかたが自ずと決まってくる。

江戸時代の末期から明治時代に下級武士たちが欧米から学んだ姿勢こそ、日本のサラリーマンたちが自立するために、大切なのである。先進的な彼らは欧米に渡り、国と日本人の危機を救うためにその文化と精神を学んだ。そして日本の独立のために、自立の精神を日本人に広めようとしたのである。

明治時代の末期に労働組合運動を日本に持ち込んだ人々の多くはかつての下級武士で、労働者たちが自立した精神を持ち、経営者と対等な立場で労働条件の向上と人権の擁護を訴えられる人間になる必要性を、アメリカでの生活を通じて感じたのである。

現在も当時と同じく、日本社会と我々サラリーマンの精神構造を、改革しなければならない時代なのだ。先進的なサラリーマンは武士の精神と欧米の自立の精神を学ぶべきで、そのことが日本人としての精神的な自立を可能とするのである。

その三　職場でどう生きるか

出世意欲を捨てる

出世意欲を捨てることは多くのサラリーマンにとって容易なことではない。企業にとっても出世意欲を煽ることで、仕事に埋没し上司に忠誠を尽くす従業員作りをしてきた。サラリーマンの出世意欲こそが、戦後の日本の経済発展を底支えしてきた精神文化なのである。

しかし忠誠心や努力の考課の評点が下がり、その分実績と能力のウエイトが大きくなる時代には、ごく普通の能力しかない人間が出世意欲を強く持つことは、自分の人生を無駄なものにする。二一世紀の企業は個々の従業員にたいして、従来以上に困難な課題と高い目標を提示するようになる。

従来は従業員全員を馬車馬のようにして力のある馬を先導させ、後の馬の尻を叩きながら目的地をめざしてきた。車を引っ張る意志と努力がある限り、労働生産性とは無関係に年齢とともに基準の分量の餌と待遇を与えてねぎらってきた。

また飼い主へ尻尾を振ったり体を寄せて甘えれば、たとえ駄馬だとわかっても飼い主は自分に媚びてくる態度を可愛く思い、餌や待遇を良くした。またいかに有能で役立っても飼い主に媚びることもなく、荒い使い方をすると反抗する馬には餌の質や量、待遇を落とした。

しかしこれからは能力によって競争用の馬、農耕用の馬、馬車用の馬と分別され、働きと稼ぎによって、若い頃から餌と待遇に差をつけられることになる。競争馬は競争馬同士の農耕馬は農耕馬同士の能力レベルでの、餌と処遇の差を見せつけながら、サバイバル競争をするように仕向ける。

潜在している能力が努力して花開くこともあるが、その多くは遺伝によって決まるために、農耕馬が競争馬になりたくていかに張り合っても、限界を越せるものではない。このことを若くして自覚しなければならない。

また飼い主は媚びを売ってくる馬に従来のような深い情をかけたり、使えなくなった体力の衰えた馬を養ったり、働きの悪い馬を使いつづける余裕はない。役立たなければ手放し、よく働く馬をさがすことを考える。馬にとっては安心できない日々となる。

競争馬としての能力が重視されている企業で、農耕馬の能力を持つものがいかに出世意欲を燃やしても勝てはしない。農耕馬が飼い主に媚を売ってもせいぜい農耕馬同士での差がつくだけで、媚を売らない農耕馬との処遇差は微々たるものだ。

農耕馬以上に出世が実現した競争馬も大変である。若い競争馬であれば企業として充分ペイしていても、体力と能力の伸展が落ち出す年齢になると労働生産性が次第に落ちてくる。そうなれば従来の実績の蓄積によって高くなっている処遇と、次第にアンバランスになる。その結果、企業はその競争馬の処遇を落とすか、手放すことになる。

馬にとっては従来のように終身雇用と年功序列を前提にした、長期的な生活設計を立てられない。その上、処遇が良くなったからと言って、生活レベルを簡単に上げるわけにはいかなくなる。いつ処遇が落ちるかわからないのである。

このような事態から自分と家族の生活を守るためには、出世意欲を捨てることである。そして仕事を通じて自分の力量を早く見定め、それに準じた処遇で生活をすることを考えることが大切である。昇格しなくても実績を上げれば、その地位としての高い処遇を得ることが出来る。たとえ昇格しても一番末端の職制どまりにすべきだ。昇格すればするほど資本の論理が頭を支配して人間的な思考が薄れ、人格的には劣ってゆくことになる。その上、中高年になると資本の論理によってペイしない労働力として、企業から排除される対象になるのである。

欧米では出世することに価値を求めていないホワイトカラーのサラリーマンたちが少なくなく、有能でも昇格を断る者がいる。それは収入や社会的なステータスと引き換えに人生の時間と自由を奪われ、個人の精神生活や家族との生活、社会的な活動へのかかわりが希薄になることを憂えているのである。

多様な人の能力や有用さは企業のみでわかるものではない。人の評価も企業内だけで決まるわけではない。人が生きる価値は富を増やしたり地位を高めることではなく、家族との充実した生活や楽しみを満たしながら、人々にとって有用で必要な存在になることである。そのためには能力が最大限発揮できる場面こそ、人は一番大切にしなければならないのである。

企業は生産なり流通なりを通じて収益を最大限上げるところである。その過程で自分の能力を発揮して、社会的な価値を創造出来る人もいる。その結果として収入が増え、地位が上がることは賞賛すべきことだ。しかし個人的な収入と地位を動機にして仕事にかかわることは、人が生きる価値とはあまり関係がない。

自由資本主義の原点は人間の欲望にある。その欲望を実現する過程でおきる人間同士の優勝劣敗の競い合いの結果として、人類全体に貢献ができるという考えだ。しかしその闘いに巻き込まれれば、実際には多くは敗者として精神的物質的なダメージを受けることになり、ごく一部の人が自己実現できるだけにすぎないのだ。

二一世紀のサラリーマンの幸せは、出世意欲から解放されることからはじまる。

人と競わず自分に問う

競争や闘いでは強い者が勝利をおさめ、敗者は退散するのみであるが、力が似た者同士ではお互いに競い合うことで発奮して、能力や実力を伸ばして次のチャンスに勝利することもある。その一方ではサバイバル競争になり、体力が次第に落ちて共倒れにもなる可能性もある。

しかし独自性が強ければ他人が真似することもできない。市場原理の社会では競う以上に大切なのは、競う相手がいないほどの独自性を発揮することで、付加価値を高めることなのである。

人を叩き落とすことによって自分が浮き上がるという競争の論理は、出世意欲と同様に人格形成にはマイナスに作用する。他人を見て考えるべきことは類似性をさがして張り合うことではなく、その人と自分との違いを見つめて、自分の特徴を生かすようにすることである。人に備わっている資質や性格、発想、ものの考え方や行動様式など、個性は全員がそれぞれ違う。

そしてその違いは自分よりは他人のほうが知っている。人は自分を客観的に観察できないが、他人を観察することならできるからだ。つまり人が感じている自分の個性や能力を、人との行動や語らいから知ることが重要になる。自分の個性を発揮するということは、他人にない個性を持った自分という人間がこの世に生きている証拠なのだ。逆に人を意識して平均的に生きようとすれば、誰でもたいして違いがない存在となる。長い間、企業集団のなかで独自性を発揮することが嫌われてきたサラリーマンたちは、上司や同僚と行動をともにする無難な行動様式を取り、煽られる競争だけに精力を注ぐことになってしまった。

目の前の敵との定められた闘いは、自分自身との葛藤よりは楽だ。しかし目に見えない自分の内面との絶えざる闘いによってこそ自分の存在価値を認識し、自律心を高める。そして個性や独創性を発揮する自分が育ってゆき、他人の個性も尊重できるようになる。

人間集団では多様な個性や価値が共存して、お互いの長所を引き伸ばし短所を補う関係が必要なのだ。特に情報化社会での人類の繁栄は没個性的な人間集団による競争では対応できない。自立した個人が自分の能力と可能性を追求し続け、発揮できる場を広く求めることが必要になるのである。

従来の日本の企業では、さまざまな楽器の特徴を活かして奏でるシンフォニーは敬遠され、弦楽器や打楽器のみでの演奏しか好まれなかった。同じような楽器のみを集めて音色を競うわけである。二一世紀は交響楽団として、さまざまな楽器を使って演奏しなければ生き延びられない時代であるが、はたして管弦楽しか知らない経営者に交響楽を指揮できるのか。指揮者が楽器の特徴を活かせずに、違う楽器同士で競わせるような演奏をさせるか、類似した楽器同士の楽団をいくつか結成させるだけではないのか……。

このような時代、サラリーマンたちに必要なのは人と競うことより、自分の個性や能力、限界を知り、企業の煽りに乗らないで主体的に仕事にかかわることである。

プライドを高く持つ

出世意欲や競争意識を持たないサラリーマンには二通りある。自分が敗者であることを自覚した人と、富や出世に価値を求めない人である。敗者であることを認めた人は「負け犬根性」が身についている。「負け犬根性」とは自分にまったく自信がない人が権力の言うがままに従う卑下した精神で、いくら殴られても蹴飛ばされても飼い主に尻尾をふりつづける犬と同じである。

その一方で番犬として役にたっても、飼い主が殴れば吠えかかる犬は飼いづらいように、出世意欲や競争心がなくてプライドが高い従業員ほど企業は扱いにくく、能力と実績があってもせいぜい末端職制どまりだ。

多くのサラリーマンは、上司に細かい指示を仰ぎながら自分の行動を決定してゆき、結果責任はなるべく負わないようにしてきた。そのために信頼感に欠けている人が少なくない。

しかし自分の人生を主体的に生きようとすれば、他力本願な生き方はできない。企業組織の一員として拘束されながらも組織の歯車としての代替できる存在ではなく、自分の個性と価値観にもとづいた思考と行動を噛み合わせて、その結果に責任を持つ。責任感が強い分、納得しない仕事はできないし、しない。このような人間が信頼できる存在なのである。

自分が人権のある個性と価値観を持った独立した存在で、いかなる地位の人とも人間として対等であり、人格は地位とはかかわりないという考え方を持っている。そういう自分を権力で脅かしたり叩こうとすれば、やめるまで徹底して闘うことになる。また自分の出世や保身のためには権力に臆面もなく擦り寄れ、人を踏台として利用できる人を人格的に劣ると見る。

二一世紀の日本のサラリーマン達には自分に謙虚さと自信を持ち、プライド高く生きることが求められている。それはサラリーマン個人の人生にとってだけでなく、企業経営が個性と高い付加価値を求めながら、社会的な信頼と責任を果たそうとすれば、このようなプライドの高い従業員を多く必要とする。組織を形成する人間の特徴が組織そのものの特徴なのである。

問題は経営者たちがそのような従業員を使えるかということである。言われたことに従順に従う人しか使っていなく、従業員の私生活や態度、精神にも踏み込んで指示をしていた権力者だったのだ。自分自身も同じようなことをされながら、出世してきた体験を持っており、このような経営者たちが考え方や態度を変えることは容易ではないのである。

また上司の顔色を伺いながら態度を決める体験から、サラリーマンたちが抜け出すことも容易ではないのだ。

派遣労働者や一般職、専門職、専任職など企業の中核から外れた従業員たちの中から、その精神を引き継ぐ者が出てくることになろう。

自由と時間は買えない

日本の歴史を振り返ると今まで長い間、多くの国民は生きることに精一杯で、精神的なゆとりはなかった。普通に働いていれば物質生活に困ることがなくなったのは、先進国を中心に大量生産方式が定着したこの三〇年程度にすぎない。人類史上、まったく新しい時代に入ったのである。

同じ種類の商品でもブランド品からデスカウト品まで、値段がピンからキリまでちがう。車でも高級車から充分乗れる中古車まで極端な価格差だ。現在では所得と考え方に即した生活物資の選択肢が増え、無駄使いしたり見栄を張らなければ普通の日常生活が営める状態なのである。

多くのサラリーマンは命を削って稼いだ金で、自分の果たせなかった夢を子どもに託して進学競争に勝てるようにと、教育費を際限なく使う。その結果、子どもの精神的な自立が抑えられ、個性と可能性、学ぶことへの好奇心を摘んでしまい、親と同じ「サラリーマン根性」を持ったごく平均的なサラリーマンに育てていったのだ。

住宅取得についても、いったん会社から社内融資を受けたり銀行から借り入れれば、返済のために会社に身も心も任せ、定年まで忍従の職場人生を送らなければならなかった。取得した家を子どもが住むころには、改築か新築しなければならない状態である。

定年になると、家庭を放置していたことで精神的きずなが切れた妻からは、離婚や別居を申し出されたり、一緒にいることを避けられるようになる。その上、子どもたちは妻の味方になっている。

組織に依存し上司や同僚と同調することに慣れた生活は人間を受動的にし、年が行くほど一人でチャレンジする気持ちをなくさせてしまう。新たに趣味をつくろうとしても体力と知力は落ちなかなか続かない。地域でのつきあいも妻にまかせていたために入り込めない。年取った犬のように、家のまわりで無聊の日々をおくることになる。その結果、定年になっても再び人に使われる職場人生に戻りたくなる。

サラリーマンたちはこのようなもったいない人生を送るべきではない。尊い生命を完全燃焼させ、トータルとしての一生を充実させるような前提にした生き方を選ぶべきだ。そのためには職場人生に浸かっていては駄目だ。自らの人生への思いと意志、考えを実現するために、精神的な自由と自分で支配できる時間を多くすべきである。

これからは夫婦共働きが当たり前になりながら、無理や無駄な出費をせずに所得に即した生活をおくれる時代に入ったのだ。金のために命を縮めるような本末転倒した労働からは、解放されなければならない。

仕事を通じて自分の能力を発揮できる可能性を追求することも出来るが、もはや企業は救世主ではなく、自分自身で自分の人生を決定する時代なのである。そのためには自分の可能性は自分で掘り起こす以外ないのである。

上司とは一線をおく

上司の人柄を判断することは出世意欲のない部下には難しいことではない。欲があるとその欲を実現することを前提にして人柄をみるために、冷静に判断できない。自分を可愛がってくれる上司は人格も良い人で、取っ付きにくい上司や自分に厳しい上司は良くない人と思いがちになる。

人を使う立場に立つと部下を掌握するために、本来とは違った人間性を見せることが多いし、口で言うことと腹の中で思っていることと反対のことも多い。人間の性格や持味は年を取っても若い頃とあまり変わることはないのに、地位が上がると人格者のように振舞う人が多い。そこが仮面を被っている部分であり、若い頃の上司を知っている者に話を聞けば本当の人柄がわかる。

同僚との激しい競争で這い上がってきた上司には、自分に備わっている能力以上の苦労をしながら仕事をし、上司にも必要以上に気苦労している。その結果、素直さがなくなり、人格的に劣る人々も多い。むしろエリートとして無理なく順調に地位を上げている人や、能力や資質の高さで出世した人のほうが、人柄が率直である。

圧倒的に平凡なサラリーマン達は、一人一人蹴落としながら出世してゆかなければならない。競争に勝つためにはどんな手段をも駆使できる人でなければならず、人柄の良い人は蹴落とされるだけで、出世とは縁が遠くなる。

また職権や人事権が、人権や憲法で保障された権利より強権のように思い、部下を殴ったり命令する上司もいる。新しい上司に仕えるときはその人の目の動きや言葉使い、ふるまいを観察する。そして、言っていることとやっていることが一致するかどうかを見る。必要ならばその上司と同じ程度に、腹のうちで思っていることと違ったことを言ってみて、反応を確かめることだ。

上司とは公私とも常に一線をおくことが大切だ。彼らは部下と例え気楽な話をしていても、うまく使うことや人事を念頭に置いており、人間同士の対等な会話とならない。権力を背景とした職場の人間関係に心を許していれば、ひとつ事がおこると裏切られることを知るべきだ。

上司の顔色を見て態度を豹変させたり、上司のプレッシャーをまともになって受けてはならない。彼らは部下を支配するために計算ずくでやってくる。こちらが自分の人生観に自信を持って、主体的に職場生活を送り仕事に取り組んでいれば、上司が何と言おうとどんな顔をしようと関わりはない。

もしも支店の業績が上がらないのなら、給料と地位に見合った実績を上司自らが上げるべきなのだ。部下はそれを見て上司に権威を感じ、言われることを真摯に受けとめるようになるものだ。

これからの企業の上司たちは今までのような絶対的な権力者ではなく、地位と収入にみあわない実績を上げれば、かっての部下の下に降格されるかも知れないのだ。それだけに上司達の競争は激しくなり、部下との軋轢も多くなってくる。能力のない上司のプレッシャーや無理難題にまともに関わっていたら、自分が損するだけである。

これからの時代は部下が上司の腹を読むとか、考えを忖度して率先して仕事をするという関係はもはや必要がない。過程ではなく結果が全てであるため、上司への精神的な忠誠より自分が上げる実績と、その評価に最も関心を寄せる必要がある。

そして、課題や目標を上司との面接で決めるときや上げた実績を評価されるときは、納得がいくまで食い下がるようにすべきだ。客観的におかしいと判断したら、泣き寝入りしないで自分をどこまでも主張すべきである。もし上司の評価が間違っていたなら上司自身の職務責任にかかわることであり、職務能力が問われることになる。つまり職務実績の前には誰でも平等なのだ。

頼られる人になる

多くのサラリーマンは仕事を楽しんでいるわけではなく、生活費を稼ぐために嫌でもやめるわけにはいかないのだ。苛々したり、同僚にぶつかったりする日々の連続である。こんな職場では暗くておもしろくない同僚よりは、明るくて楽しい同僚のほうが人気があり、自分のことばかりしゃべる人よりは、人の話を聞いてくれる同僚のほうが人望がある。また人に多くを求めて非を責める人や、責任を逃れる人は嫌われる。

自分の存在を職場のなかで大きくするためには、上司から可愛がられたり出世して権限を持つことより、多くの同僚達から好かれ信頼される人間として生きることが大切になる。

ではどういう考え方で同僚達に接すべきなのか。競争相手として同僚をみれば敵になり、失敗を喜ぶような接し方になる。しかし互いに自分とは違った能力や可能性を持った同僚としてみれば、年齢や性別に関係なく対等で尊重すべき、または愛すべき人間として接することになる。そうなれば同僚が苦しめば、同じ苦しみ悩む仲間として手をさしのべる相手に変わり、多くの同僚に心を開くようになる。

自分の出世しか考えていない同僚へ自分の心を開けば、場合によっては上司にその情報を通報されることになる。しかしそのことを念頭におきながらも、人の心を開くためにはまず自分の心を開くことである。そして自分に心を開いた人の話は、一切他言しない。そうすれば信頼されるのである。

同僚が話してくる内容には個人的な愚痴と、解決を真剣に求めたものがある。愚痴は聞いてやるだけで満足するが、解決を求める話ではその人が問題を解決のために実行可能な知恵と、行動する勇気を与えなければならない。基本は問題を抱えている人が自ら解決に動くことによって、「天は自ら助ける者を助ける」体験を身につけるようにすることである。そのためには場合によっては、サポートする役割を負うことが必要となる。

周りの人に信頼されるサラリーマンはその人の立場に立ちながらも、優しくもあり厳しくもあるものだ。それはいかなる人間も不完全なものであり、その人の不満や悩みがその人の考え方や行動様式が原因で起きている場合が多々ある。それを本人に知らせることが問題解決と本人の精神的な自立を促すことになるために、指摘する必要があるのだ。

しかし上司や強い者、嫌な者に立ち向かってゆけない人々、自分の欠点を指摘されることが嫌な人達は自然に遠ざかってゆく。体験的に言えば出世意欲の強い人や意志の弱い人、頭でっかちの人、負け犬根性で固まった人たちがこの部類に入る。プライドの高い平社員に近づいてこれる人は、自立したサラリーマンへと変身できるのである。

人生哲学を語りあう

サラリーマンたちは、自分の判断と裁量で生活できる学者や評論家、政治家、経営者たちとは違い、経営権力の命令に服して生活の糧を得ている。その数は勤労者全体の八割におよんでいる。つまり日本の社会はサラリーマンたち如何で変われるのである。評論家一人の影響力と比べれば自立したサラリーマン一人の社会的な影響力は知れている。しかし生活をかけた生き方の重みは、評論家の比ではないのだ。今の職場では自立したサラリーマンはまだ異端分子のために、場合によっては企業や上司のいやがらせによって、リストラの対象になる可能性があるのである。

歴史をふりかえれば、時の権力機構が次の時代を代表することなどはなく、時の権力機構は次の権力との闘いを通じて淘汰されるのである。いかに出世しても時の権力に従属してるだけの人々には、次の時代を代表できる資格はない。批判と反骨の精神のなかにこそ進歩がある。「人はパンのみに生きるにあらず」と聖書に書かれているが、人が万物の霊長なのは生きるために働くだけでなく、進歩の歴史のなかに自分を位置づけて生きられるからである。

ところが職場の人々を見てみると、このような意識を持って働いている人はめったにいないし、人生についてしっかりした考え方を持っている人も少ない。男性はそつなく世渡りをするための処世術を口にし、女性は結婚や遊び、ファッションが話の中心である。能動的な人生哲学を語れるサラリーマンたちが増えなければ、日本の社会進歩には時間がかかるのである。

これからの職場は処世術を駆使してそつなく世渡りが出来る環境でも、結婚相手をさがすために働くような場でもない。仕事に埋没するか、自分の能力の限界を知って主体的に仕事に取り組むかの決断が、三〇歳以前から迫られる時代なのだ。その選択によって処遇から将来まで違ってくるわけで、ここに各人が人生哲学をしっかり持たなくてはならない理由がある。

自立した人間の役割はこのような職場環境のなかで、若い人たちを励ましながらも、彼らが自分の能力を冷静に判断できるようにアドバイスをし、長いスタンスで自分の人生を設計する必要性を語ることであろう。人が、自分の生きてきた人生を結論づけられるのは死ぬ前であり、今では八〇歳近くまで生きられるのである。人生半ばの四〇、五〇歳でピークの来る企業人生で、幸せの結論は出せないのだ。

私が子どもの時代は親たちや先生たちが、戦前の教育をうけたことや戦争経験もあって、偉人たちの生き方や生きる意味などを日常的に語った。しかしいつの頃からか、人生を語ったり哲学を語ったりすることが、日本人になくなった。そのことはまた、日本人のアイデンティティを忘れていることでもある。人々と人生哲学を語り合うことは、正確な判断と勇気ある決断を下せる、自立した人間に変革してゆくのに必要な教育なのである。

その四　人権を守るために

いじめ、脅かし

私のサラリーマン生活はいじめといやがらせ、脅かしを克服するための四〇年間の時間だったと言える。最近では銀行に入って二年目の女性が、転勤してきた私を五〇過ぎの平行員ということで馬鹿にした言動を続けた。

三カ月たっても同じだったので、上司にその女性の非常識を説明すると、その女性を私から遠ざけた。その後も話しても理解できそうもない女性だったので無視しつづけたが、人を差別をすることをなんとも思わない、めずらしく若い女性だった。

仕事でのいじめは徹底していて、渉外課員であったときは厳寒の地の支店や営業が難しい支店に転勤させて、遠隔地の地域を担当させられていた。その上で「どうして目標を達成できない」といじめるのだ。

また、来店する顧客が多く、ヤクザなどとのトラブルが絶えない有名なターミナルの支店に転勤させ、公共料金と振り込みの窓口に座らされる。店の外まで並んで待っている顧客とのトラブルを期待しているのである。慣れない仕事と忙しさで高血圧になってしまい、入院するはめになった。

また転勤するとほとんどの支店で私の隣席の者にたいして、上司が私への指示を与えている。渉外の当時は主任クラスの男性へ、事務や窓口に替わってからはベテランの女性である。その内容は男性の場合は私の情報を上司に上げたり、発言や行動を牽制して影響力を削ぐことで、女性の場合は私の知らない仕事を次々に与えて埋没させ、余分なことをしないようにすることである。

上司が言葉で直接、私をいじめたり脅かしたりしないのは、私の多面的な反撃様式を人事部や前任店から知らされているので、自らの手を汚さないようにしていじめるのである。

男性の場合は私の監視が出世と結びついているために、多くは慎重である。しかし女性は仕事や人間関係が楽しい職場であることに価値を置いているので、私の人柄や仕事ぶりを知ると、途端に何でも話してくるようになる。銀行の私へのいじめのおかげで、女性たちの気持ちをつかまえることは難しくなかった。

男性の場合は気を緩められない。本心と違うことを口にする人が少なくないからだ。それでも仕事を通じて観察をしたり腹の内をさぐったりしていると、女性たちからの情報もあり、数カ月で支店全員の男性の仕事ぶりや考え方、出世願望の程度、支店長や課長との関係、人格などがわかる。

私へのいじめや脅かしは多面的であり、それぞれ目的があっておこなわれている。まず「そのような考え方をしていると、出世はできない」とか「銀行を辞めたほうがいい」との進言である。私生活にも干渉をする。この段階ではまだ私が改心する見込みがあると判断しているので、上司が直接に脅かしを含めて言う。仕事上のミスやトラブルなどを攻撃材料として叩いてくる。

次にみんなと同じ行動を取らせ、個人的な動きを遮る。自分の仕事が終わってもみんなが帰らない限り、つきあわせるのである。実際には上司が「帰るぞ」と言わない限り帰れないために、集団の一員としての行動を指示することで、権力の言うことに黙って従わさせるのだ。ここでは個人の思想や心情はもはや問われない。

最後には、職場の人々への影響を押さえるために人から離した仕事に従事させ、上司が直接管理するのである。この場合の上司は私が喧嘩をしないような、穏やかな人となる。

いじめはいじめる組織や人の「格」が表れる。私の父親が亡くなったときに、支店長の名前で香典が五〇〇〇円出されたが、そのお札は古くて破れているためにセロファン・テープで張られていた。この支店長は転勤してくる前には、人事部研修課で行員の態度や仕事への姿勢を指導していた人である。富士銀行の人材の質が社会的に問われるいじめで、その札をみた人は非常識さに驚いていた。

一章で体験を述べたが、当時は「S・F戦争」の最中で行員は朝の八時から夜の一一時まで縛られ、極端に高い個人定期目標を与えられ、その上残業時間の請求は月二〇時間で制限されていた。上司から「馬鹿野郎、給料泥棒」の罵声と拳骨が毎日飛び、一週間家に帰れない行員も少なくなかった。しかし頭取は「当行は静かです」、組合執行部は「サービス残業はない」とマスコミに公言しており、まったく異状な事態であった。それを正そうとして私は体を張って闘っていたのである。

一五〇年前に西郷隆盛は、「上に立つ者下に臨で利を争い義を忘るる時は、下皆な之に倣ひ……節義廉恥の志操を失う」と指導者のありかたを警告しているが、バブル期同様にこの時も、富士銀行では指摘した通りの出来事が起き、それにふさわしい「格」を持った人材を登用していたわけである。

反撃の仕方

その多くは自分一人で対処しなければならないが、いじめられたり脅かされたと同じ程度に反撃しないといけない。内容にもよるが即刻反撃する必要性がある場合と、当面は耐えておいて二度といじめることが出来ないような反撃をする場合がある。

しかしなるべく即刻反撃したほうが問題を大きくしないですむ。その場を耐えることは恨みを深くすることにもなり、その後の対処いかんではますますエスカレートしたいじめを受けることになる。

厳寒の地への支店への転勤では共産党から裁判もすすめられたが受けなかった。それでは私個人と銀行との問題にすり替えられてしまい、職場で働く人々の人権を守る闘いや自立とは関係のない問題になるからだ。銀行の経営をいくら社会的に叩いても問題が解決するわけではない。そのような経営を許さない人材を闘う体験を通じて多く育てること、そのことを私が前任店でやってきたのだ。

そこの支店でも本部の指示に従って東京と同じ支店経営をしているわけで、それを改善させる闘いを職場の人たちが組むことによって、自立した人間をつくることが一番重要なのだ。そのためにはいじめに耐えながら闘う準備をしていることが大切だった。それでも仕事を通じてやられた私個人へのいじめや人事部の脅かしには即刻反撃してきた。

銀行本部の方針でやられたいじめや脅かしは簡単には反撃できないが、支店長や課長の指示であればやられた程度に反撃をすぐしたほうが良い。放っておくとそれで良いものだと思われ、その後もなめられることになる。人間はなめられたら駄目だ。自尊心がない人はいざとなると馬鹿にされるのだ。

「S・F戦争」の時や「バブル」の時も反撃は容易ではなかった。結果として銀行は自爆するはめになり、いじめられてきた私のほうが正論だったことが証明された。多くの人々が自立した精神を持って身を挺した闘いをしていれば、やりたい放題の経営施策を現場から牽制でき、犠牲も多少ともおさえられたはずである。

バブルによって当時の経営陣はさまざまな教訓をくんだ。しかし本部の言われるまま動いてきた現場の人々は、経営陣のような責任と苦しみはない。その分、自己変革ができないまま今日にきており、職場でのいじめや脅かしの質は従来とたいして変わらないのである。いずれその人々が経営陣に入るわけである。

次にここ五年程度の体験をいくつか話してみよう。
・ある支店長が朝礼で突然「黙れ！」と怒鳴った。私を含め全員がドキッとする。理由は入社二年目の男性が、ひそひそとしゃべっていたのを制するためである。この支店長は転勤してくるとともに部下を睥睨《へいげい》するような態度をしていたので、前の支店長とは違ってみんなが支店長の顔色をみるようになっていた。
私は「もし叱るなら個人を呼んで叱れば良いのに、なぜ全員の前で怒鳴った。全員に自分の権威を知らしめるためめか。もしそうであるなら人権侵害である」と私は抗議した。本部では行員に社会常識や社会倫理を守ることを、しつこいほど周知していた時期なのである。私の話には直接答えなかったが、支店長の部下にたいする態度が大分変わった。

・副支店長が「一週間後、筆頭常務が仕事が終わったあとに来店する。宴席をもうけるので一時間程度、全員残ってもらう」と言う。しかしそれは仕事ではない。私は人事部に「仕事でないのに、常務がそのような指示をだしたのか」と電話をしたが、そのような指示は出していない。人事部からの電話を受けた副支店長が私のもとにきて、別室で話したいという。私は「仕事でもないのに全員に残れとは労働基準法違反だ。しかし常務と話をしたい人もいるだろうから、自由参加にすべきだ」とその場で言い、副支店長も全員にその旨を説明しなおした。

・転勤してきた私が思うように残業をしないし職務を広げないのに苛々して、課長が私にあたってくる。その人は人柄は良いが仕事ぶりはラフで部下からの信頼は薄かった。数カ月後に課長代理がなぜか私が朝の挨拶をしても返事をしなくなった。課長代理の隣に課長がいることを確かめて、来店している顧客の前で課長代理に怒鳴った。「なぜ朝、挨拶をしない。あなたはそれでも役席なのか」。役席としてのありかたを多少感情的になりながら説教すると、代理より課長のほうが青くなっていた。課長代理は私に謝まり、その後親しく接してきた。課長は私のことをよく知っている人に私のことを聞き、その後は自分で仕事をするようになった。

・渉外担当の課長代理がイレギュラーな事務処理を私に指示する。私が言っても改めない。私は大声で怒鳴った。「役席は給料が多い分、みんなの見本になるのが当たり前ではないか。自分は偉い者と思って何でも部下に命令するな」と。反射的に彼は私に大きく腰を下げ、自分の非を謝った。

私は二〇歳の前半には親と同じ年齢程度の、支店長をはじめ管理職と正面からやり合っていた。話してわかる人には話して改善させるが、わかりそうもない人には理屈抜きで反撃する以外ないのである。そして別室でなく、人が大勢いる場所で反撃することで影響も大きくする。しかし感情的になるとやりすぎることになるので、気持ちに余裕をもって冷静に計算づくで立ち向かうことが大切である。

そのためには上司はどのような意図で自分をいじめているのか、上司は憲法や法律のことを知っているのか、自分が上司だったらどのように解決するかを考えていじめの非常識さの程度を判断すると、気持ちに広がりが出来る。

・ある時、渉外の男性から課長の部下への態度を愚痴られ、何とかしてほしいと言われた。その課長をチャンスを見つけて叩いた。ところが私に愚痴った男性は自分が言ったことに白を切り、逃げたのである。私の立場がなくなり、課長に謝ることになってしまった。

・またこんなこともある。四〇歳を過ぎた平行員が気分屋で、仕事をするにも自分中心でやる。

改善を言っても理屈をこねてなかなか応じない。私は何度か嫌な経験をしており、みんなからの苦情も私の耳に入ってくる。ある日、堪忍袋の尾が切れて私はヤクザっぽい言葉で怒鳴ってしまった。やりすぎたのだ。

私は自分が年とともに押さえが利かなくなり、自戒しなければならないと思うのである。若い頃は年上の人を相手に慎重に、そして大胆に行動したが、年齢が高くなるとともに慎重さが欠け、失敗も増えてきている。

義侠心を発揮して、他人のことを自分が代わってやることは足下を掬われ、信頼を失うことにもなる。本人が自立するためにもならない。本人自身がやるように自信と勇気を与えることが大切なのである。

ここでいじめや脅かし対策として必要と思われるいくつかのことを羅列してみる。

・まず人になめられるような、ダラダラした態度やぐずぐずした話し方、にやけた顔つきをするなということだ。人は弱い人間と思えばいじめてくるが、強いと思えば一歩引き下がるのだ。体を張った自立した生き方をすれば自尊心が高くなり、必然的に緊張感が周りに伝わる。その結果、権力依存型の人間は近づきがたくなるのだ。

・同僚から仕事はきちんとやる人間として認められることだ。仕事が人よりいい加減だと正しい主張もなかなか認められないし、逆に「仕事ができないくせに、生意気な奴だ」としてスポイルされることとなる。とはいえ、過大な目標をきちっとやろうとすれば仕事に埋没して、元のもくあみとなる。

・同僚には優しい人であることだ。そういう人であれば上司からいじめられたり脅かされれば、同僚は同情してくれるだけでなくいじめた上司に敵愾心を持つことになる。部下たちにそっぽを向かれた上司自身が住みにくい職場になるのだ。

・何かおかしいと思ったら記録しておくことである。上司から言われたこと、やられたことなどを出来るだけ事細かに継続して記録しておけば、公に争った場合には重要な証拠になるのだ。申請した残業時間と実際の労働時間と大幅にちがうことが多い。実際の労働時間、上司の指示内容とやった仕事、家に帰った時間などをこまかに継続して記録しておけば、過労死裁判では有効な証拠となっているのである。

複数での闘い

一章で体験を述べたが、経営施策の根幹にかかわる人権や労働問題での複数での闘いでは長期戦となり、企業は容易には動かない。

裁判になると最高裁で結審がでるまでに相当の年数がかかり、裁判中心の生活となる。また裁判はあきらかな違法行為を立証できる証拠がなければ決め手にならない。そのために言葉や行動でいじめれ、脅かされる立場の人間には有利ではない。企業のほうは権力機構を使って自分に都合のよい言い分や証言を用意してくる。

ゲリラ戦であれば知恵をしぼれば戦法はいろいろ取れる。企業の置かれた状況ややっていることを社会常識的に捉える。そして企業体質を考えてなるべく無理がなくスケールが大きくて、社会的なアピール効果のある戦法を続ける。解決すべき問題点は限定的にする。そのことで闘う仲間の団結を崩さないですむし、職場の人々の共感や取引先、株主、マスコミなどの社会的な関心を得ることが可能である。

職場のなかの人権問題では、いじめられている人々が一緒になって反撃すればたちまち解決するが、権力と闘う恐怖感もあってそう簡単には団結できない。いじめられた人のほとんどが職場を辞めたい事態にならないと、闘う決意が固まらないのだ。

いじめられた人々が何とかしたい思いになったなら、全員が闘える柔軟で経営にダメージを与えられる大きな戦術を幾つかみんなで考え、役割分担して柔軟に闘うことである。ここでも解決すべき問題点を限定的に決め、妥協できる解決策も考えておく。社会的に大問題になるような企業の一方的なやりかたがない限り、すべて思うようには解決しないものであることを、念頭に置くべきだ。

例え自分たちの思うようにならなくても、これらの体験を通じて闘った人々が自分の人生観を見つめ直し、勇気をもって主体的に生きる意味が理解できれば、このことに勝ることはないのである。体を張った行動を通じてこそ人は精神の自由と責任を会得するのであり、そのことが人類の歴史の進歩なのだ。

憲法と労働基準法を前面に

日本国憲法は建て前ではない。裁判での解釈の違いは国の権力のありようや力関係を反映しているのであり、いかに解釈しても変えようもない本質こそ、反撃や闘いの武器にできるのだ。常識とか良識、社会的モラルなどが職場で通用する限りは、法律をわざわざ持ち出す必要などない。お互いに話しあえば何とかまとまるものである。しかし人事部や上司が従業員の意向にかかわらず権限や経営権を矛に、いじめや脅かしをすることが少なくない。この時に役立つのが法律という盾である。憲法と労働基準法に触れる行為は犯罪なのである。

もし上司が違法行為をしてくれれば、告発することによって生涯、前科者として社会的な烙印を押され、場合によって企業から解雇されることになるのだ。まずこのことを充分知らなければならない。つまり法律の前にはいかなる地位の者でも、いかなる権力者でも一介のサラリーマンと平等なのだ。日本国憲法や労働基準法はサラリーマンの一番の味方なのである。

かつて私が勤めていた支店に労働基準局が査察に来る情報が入ったことがある。そのとき課長が部下に「違法行為が見つかったならおまえらも処罰の対象になるから、何を聞かれても黙っていろ」と言っていた。処罰の対象になるのは従業員に違法行為を命じたり、課長などが違法行為をしているのを黙認した支店経営者と企業経営者であり、課長本人なのである。

企業が時間外労働の予算制度を取り入れ、それが人事や支店評価をする場合の重要項目として位置づけられているケースが多い。その一方で予算内の残業程度では達成できない課題や業績目標を与えられる。このような経営施策は従業員がサービス残業をすることを「暗黙のうちに指示」しており、違法なのである。休日に資料を作ってくることを前提にした仕事をさせることも同様である。

日本国憲法では主権は国民にあり、国民の基本的人権が保障されている。

「基本的人権は侵すことのできない永久の権利として、現在及び将来の国民に与えられる」

「すべての国民は個人として尊重される。生命、自由及び幸福追求に対する国民の権利については、公共の福祉に反しない限り、立法その他の国政の上で、最大の尊重を必要とする」

「すべての国民は法の下に平等である。人、信条、性別、社会的身分または門地により政治的、経済的または社会的関係において、差別されない」

「何人も奴隷的拘束を受けない。また犯罪による処罰の場合を除いては、その意に反する苦役に服させられない」

「思想および良心の自由は、これを侵してはならない」

「集会、結社および言論、出版その他一切の表現の自由は、これを保障する」

「すべての国民は勤労の権利を有し、義務を負う。賃金、就業時間、休息その他の勤労条件に関する基準は、法律でこれを定める」

「勤労者の団結する権利および団体交渉その他の団体行動をする権利は、これを保障する」

そして、

「この憲法が国民に保障する自由および権利は、国民の不断の努力によって、これを保持しなければならない。また国民はこれを濫用してはならないのであって、常に公共の福祉のためこれを利用する責任を負う」と、憲法の精神を活かす心構えをうたっている。


これらの精神で働く者の最低の労働条件の基準を決めたものが労働基準法であり、違反した経営者や管理職は逮捕され、懲役か罰金をうける。また労働組合法では労働条件の向上のために経営者に団結して交渉する労働組合を認め、労働組合に干渉する経営者や管理職は不当労働行為として罰則される。これらの法律に抵触した就業規則や職場規律も違法である。

このように憲法にしろ労働基準法にしろ、サラリーマンとして使われる者達を守っているのである。これらを知ることとともに、上司や経営者の業務命令や言動、通達などを常にチェックすることが、自分と同僚達を守るために大切なことなのである。

しかしいくら矛や盾があっても、それを使って闘う勇気がなければ意味がない。武器が手元になくても喧嘩する気さえあれば、自分の舌と手足でもそれなりに闘える。また闘う自分自身の覚悟と気迫が相手に伝わらない限り、相手は見下げて威嚇してくる。その結果、勝つべき闘いも弱腰になって負けてしまう。このような闘いはしないほうがよい。

日本国憲法やそのもとになったアメリカ独立宣言、同じ精神の世界人権宣言を読んで、人類の進歩の歴史を学び、勇気と自信、プライドを高めるべきである。

労働問題に関心を持つ

近代国家では最終的に法律がすべてを決めるために、自分にかかわる法律の概要は知っておく必要がある。それに加えて日本の経営の特徴も知ることが大切である。

例えば国際的な労働基準を決めている国連のなかのＩＬＯ（国際労働機関）では、企業が一方的な自分の都合によって、労働者を解雇してはいけない内容の条約の批准を各国に勧告しているが、日本とアメリカは批准をしていない。アメリカでは「金融ビックバン」以降、企業は自由に労働者を解雇しているのである。

しかしドイツ、イギリス、フランス、イタリヤなどヨーロッパ先進国では三〇年近く前から解雇を制限する法律があり、通貨統合から政治統合へ移行するＥＵでは、企業の都合の解雇を制限する指令を各国に出している。

日本では労働者の解雇を制限する法律を制定していないために、判例として制限されている。どうした意図で労働者保護の立法化をしようとしないのか。すでに述べたように日本の資本主義は唯一の豊富な資源である労働力を、フル稼動させることで成立してきた。そのことはまた失業者を増やさない政治的課題と結びついていた。このことを企業のイニシアチブで実現させるよう、企業をしばる立法化を国は避けたのである。

この精神は日清戦争が終わったあとの、「工場法」制定問題での企業の対応に見ることができる。当時の政府は労働争議が多発することをさけるために、ドイツのように事前に労働基準を定めた「工場法」を制定しようとしていた。ところが従業員を儒教的、家族主義的に使い、温情を与えることで労働争議は多発しないとして、経営者たちは労働者の人権や権利を社会的に認めることになる立法化に反対したのである。

二〇年後にやっと女性を一日一四時間以上働かせることを禁じた「工場法」が施行される。その数年後に日本は国際連盟の常任理事国にはなったが、ＩＬＯの一週四八時間、一日八時間、男女同一労働同一賃金の国際基準の勧告を、批准するはずもなかった。

そして今日、労働市場の流動化を進めるようとしているが、日経連を通じて話される経営者たちの一連の意見を見ると、アメリカのように企業のイニシアチブで自由に労働対策を実施できるように、労働者保護の法律制定を拒むだけでなく、判例さえも崩したい意向なのである。

そのためにサラリーマンたちは、少なくても自分のことと自分の働く企業にかかわる法律については知っておくことが必要なのである。ここのところ労働基準や派遣労働、裁量労働、職業紹介などの規制緩和や、労働者の解雇を含んだ産業の再構築推進のための産業再生法、金融サービス法、年金制度や健康保険、介護保険制度、消費者保護法という具合に、高齢化と自由資本主義社会の土壌つくりのために、次々と法律改正を進めている。

今後の激変する事態をつかんでおくためには、新聞で掲載される程度の内容と問題点は知っておく必要があるのである。

またこれからの企業経営は流動的で、いつ倒産、合併、買収されてもおかしくはないとの気持ちで、自分の働く企業の経営情報や同じ産業の動きにも、関心を強く持つ必要がある。そして先進資本主義国の動向や、労働基準なども無視できない。

個人を守る組合

労働組合の歴史は資本主義の歴史と一体化している。初期資本主義では農村から身ひとつで都市に流れてきた労働者とその子どもを酷使して、資本の蓄積をおこなった。目が開いているかぎり絶え間なくつづく労働。それでも家族の生活さえ満たせない賃金。強制と暴力、罰則と拘禁。生きつづけられる保障もない奴隷的労働が、機械化が進すすむとともに極限状態になってくる。耐え切れない労働者たちは暴動をおこし、機械を壊しはじめると、警察と軍隊が発砲しながら徹底した弾圧をする。

この様なたまった不満をぶちまける蜂起的な暴動によっては、問題が解決しないことを知った工場職人たちが、労働者自らの人権を不断に企業経営から守るための組織を、産業ごとにつくった。これが労働組合のはじまりである。

その後、労働組合が次第に力を持ってくるようになり、労働者階級の政党が結成され、社会的な影響力を持ち出す。それとともに政府と企業経営者たちは自らのイニシアチブで、社会福祉や労働条件の改善など労働者の懐柔対策を進めることになった。

また労働組合に代わる工場委員会や従業員組合を、企業内に組織した。そこで労働者の意見や不平を聞くことで労働者の欝積した感情をやわらげ、企業としての労務対策の材料を汲み上げたのだ。その面で特に後進資本主義国のドイツではイギリスでの教訓を、日本ではドイツ、アメリカでの教訓を取り入れている。

現在の日本のほとんどの大企業では後の流れをくむ組合で、そのために実質的に人事部組合課としての役割を負っている。企業としては労働者が自発的な意志で、企業のために懸命に働く環境をつくるために、企業の発展とともに従業員組合の意向をふまえながら、社内福祉制度を充実させてきたのである。

しかし経済の低成長下での自由競争時代のこれからは、従業員組合の役割は組合員個人の不平や不満を察知し、敗者たちや仕事で玉砕した家族の反企業の感情をやわらげ、暴走をおさえることに活動の中心が移ってくる。

従来のように「マス」として組合員を捉えていれば組織活動が進んだ時代は、終わったのだ。過労死のように組合員の仕事での死にたいして、「個人的問題」として全然関知できない組合であれば、組合員たちを従業員組合に踏み止まらせることはできなくなってくるのである。

ほとんどの従業員組合が企業と結んでいる「ユニオン・ショップ規定」は、企業外部の組合に入るにしろ企業内部に新たな組合を結成するにしろ、どのような組合でも入っていれば、解雇の対象にはならない規定である。

私も八年前に富士銀行従業員組合を脱退して産業別個人加盟の銀行産業労働組合に入っており、全国の銀行ではたらく私と同じような人は二〇〇人近くいる。

これからの雇用形態の多様化によって労働条件も多様化するとともに、生活物資も豊かになったために、サラリーマンの価値観や生活様式も多様化する。そうなれば組合に入るか入らないかを含め、組合に期待するものも多様化するために従来の組合のままであれば、組織率は必然的に落ちるのである。つまり企業がイニシアチブを取って、労働者の自立を押さえるために結成させた従業員組合の役割は、変質する時代に入ったのだ。

これからますます増える低賃金で雇用の不安定な派遣労働者やパート労働者が、雇用と労働条件、人権を守るために組合が必要となろう。また企業から採算にあわないと判断されたサラリーマンたちが、自分たちの人権を守り雇用を継続させるために、従業員組合とは別の組合を必要とする。この結果、従業員組合以外に小規模のさまざまな雇用形態の人を組織する労働組合が、一企業内にできることになる。

労働組合の結成は、組合員の意志が自主的で民主的な組織であれば認められる。少ない人員でも可能で、組合規約と組合員の対象範囲、活動方針、要求、予算、役員を結成大会できめる。それを「労働組合資格審査申請書」に添付して地元の労働委員会に提出すると、内容に違法がなければ「資格証明書」が交付され、それを法務局で法人登記すれば組合費の預金利息が非課税にもなる。

ただ、企業内で結成しようとすると企業から解雇や切り崩しなどの圧力がかかり、組合の結成ができないケースが多い。そのために企業を横断する産業別で個人加盟の組合を結成したり、そこに入るようになるケースが増えることになろう。

すでに述べたように歴史的には企業内で結成する組合は御用組合が前身になっており、欧米の労働組合は産業別個人加盟が中心である。資本主義初期の労働組合の組織は個人の自立と自覚、責任を前提にした精神で出来ており、二一世紀の日本のサラリーマンたちはこの精神を引き継ぐ労働組合が大切なのである。

日本の労働組合が結成された当時にはヨーロッパ型の労働組合であり、労働者の人権と労働条件を守るために企業と闘い、労働者の自立を促す役割を負ったのはキリスト教徒であった。しかしほとんどの組合員は職工仲間と一緒になって集団で入ってきており、組合費の納入も自発的ではない。また労働争議をした結果、労働条件の改善と引き換えにリーダーが首を切られても、積極的に守ろうとはしていなかった。

一方、企業と国家権力の徹底した弾圧に対立して、組合のリーダーたちのなかには、組合員たちを権力との激しい闘いに巻き込み、組合員たちに自立ではなく挫折と権力への恐怖感を与えてしまった者も少なくない。

日本の経営者やサラリーマンの意識がヨーロッパとは違うところに、ヨーロッパ型の労働組合運動をそのまま持ってきても、なかなかサラリーマンの人権は守れないし自立もおこらないことは、戦後の労働組合運動もおなじであった。

この様な体験をふりかえってみると、世界の文化を自分の役立つものに変えてしまう知的な好奇心の高さと、自分を律する武士の精神を活かすことなくしては、労働組合運動を通じての日本人の自立はないのではないかと私は思っている。

四章「誇り高き平社員」人生のすすめ

平社員人生の選択と教訓

社会人になった時、何でもそつなくこなす同じ職場の先輩たちを見るとみんな賢そうで、私は一緒にやっていける自信はなく、気後れをしていた。しかし時間とともにみんなが俗っぽく、自分が相当まじめな人間であることがわかってきた。それは私がサラリーマンという人々をあまり知らなかったせいだった。

その後四〇年、ついにその差が埋まらないまま今日まで来てしまった感じなのである。多くの人々の身にしみついた「サラリーマン根性」とでもいうのか、それがどうしても私は馴染めなかったのである。そのために付き合ってこれた人は一本気な人が多く、生き馬の目を盗むような人や上司によって自分を変えられる人は嫌いだった。そのため次第に、そういう人とは喧嘩が多くなった。

サラリーマン社会で人以上に出世しようとすれば、仕事より上司に可愛がられることが大切であり、そのためには何でも出来る人間であることが求められる。節操がないほうが良いわけで、私の体にしみついた倫理観とは受け入れられないのである。戦争によって母と兄弟を亡くし、再会した父とも感情的にうまくいかない。その父は職人で一本気の上、武士の精神を私にたたき込んでいた。また東京という日本の中心の地域の上、親戚との精神的なつながりも希薄な土地で、大企業に就職するのも当たり前なところで育っている。

このような環境で育てば、生きることを真剣に考えないほうがおかしい。また大企業願望や出世願望に乏しく、個人主義的な生き方の方が自然なのだ。

一方、一緒に働いていた多くの人々は地方の出身で、古くからの一族や村落集団の期待を背負いながら、東京での出世を夢見ているのである。企業はその出世願望を企業発展のエネルギーとして活かそうとしており、サラリーマン社長を含めそのような人間ばかりを集めて集団をつくれば、私のような人間は自然と邪魔になり、はみだすことになるわけである。

生と死を考え、職場のなかのあらゆる価値観に疑問を持ちつづけて、四〇年を過ごしてきた人間と、生と死を大して問うこともなく、与えられた価値観に大した疑問ももたずに大勢に従って生きてきた人間と、どちらが人間として生きてきた価値があるのか。私のほうが精神的に自立しているし、歴史のなかで生きてきたと思う。

企業は従業員に労働力と労働意欲しか求めていないために、人間としてそれ以外に余分なことを考える労働力は不要なのだ。しかしその要求にこれからも従っていたら、物質的な繁栄はあっても日本人の精神の発展はないのだ。なぜなら日本のサラリーマンの精神の解放なくしては日本人のアイデンティティは失われることになるからだ。経営者を含め、ただ儲けるだけに生きる日本人で良いわけはない。

振り返ってみると私のサラリーマン人生は多難であった。しかし結果を見れば日本社会は私が訴えていた方向に進んできたのである。自分の出世度合いでしか人生の価値をはかれない多くのサラリーマンたちと比べると、歴史的に生きてこれた自分に誇りと喜びを感じる。また私の生き方を支えてくれてきた妻も心から喜んでくれ、子どもたちも父親を誇りとしている。

これまで昇格する機会を何度か得ることができたが、節を曲げないで誇り高い平社員人生を選択してきたことで、胸を張って自分を語れるのだ。もし昇格していれば責任感から仕事に埋没するはめになったことだろうと思う。そうなれば自分の全ては企業と仕事に拘束され、何も残らなかったはずだ。

私は誇り高い平社員としてこれまで生きてきて、身につけた考えや態度がある。

その一つは人間のやることや考えることは矛盾が多くて絶対的なことはないと言うことである。特に欲が先走ると物事の本質を見失いやすく、自分のやっていること考えることが絶対的なものとして思い込み、人に強制する傾向がでてしまう。

ものごとは相対的で二面的である。そのために常に両面を見ながら、人類の歴史の進歩を踏まえて態度を決定する必要がある。そのためには歴史を含めさまざまな勉強をしなければならない。

二つ目は苦境は人を忍耐強くするとともに、そこから脱しようとするために理性、判断力、決断力、勇気など、自立した人間が持つべき資質を必然的に身につけるようになることである。

三つ目は欲を持たない末端の立場から見上げると、人の心がよく見えることである。

四つ目はほとんどのサラリーマンはごく些細なことでも、裏で人の陰口や不平や不満を叩いているが、私はそのような場が好きでない。愚痴を言うぐらいなら、その人にぶつかって解決すれば良いではないか。ぶつかるつもりがないなら口に出すなと言いたい。

下級武士の精神

権力に媚びる「サラリーマン根性」を払拭することが、これからの日本にとって最も大切なことである。媚びて生きる精神は江戸時代の農民たちの精神となんら変わりはしない。媚びることはまた、下の者に驕ることと裏腹の関係にある。それは依存と拘束の関係でもおなじで、自立した人間のすることではない。権力に媚びないし驕らない、依存しないし拘束もされない。

自分の選んだ人生で発揮した能力と実績がすべての結果であることこそ、自由と独立の精神なのである。そして人の持つさまざまな能力を労働だけでなく、人々の役に立つことに直接活かすことが大切なのだ。そのことによって自分と家族だけのために生きる労働の人生から、人類社会の前進への献身へと人生が広がる。そのことが自分の精神生活を豊かにし、周りの人々へ大きな影響を与えることになるのだ。

現代の「誇り高い平社員」とは、江戸末期から明治にかけての下級武士と同じなのである。

彼らは日本の危機を打開するために勤皇にしろ佐幕にしろ、人に先がけて生命をかけて立ち上がったのだ。藩組織の末端にいたために組織の拘束から比較的自由であったことが、そのような行動を取れる要因であった。吉田松陰、坂本龍馬、福沢諭吉、伊藤博文など数多くの志の高い下級武士の活躍なくしては日本の近代化はなかった。

彼らは死を前にした武士としての素養と品性を磨きながら、単身で欧米に渡って文化と精神を身につけ、それを日本に持ち込む。またもう一方では倒幕に向けて幕府権力と戦うとともにイギリスなどの軍隊とも戦うことによって、主導的に新政権を樹立する。

欧米の自立の精神に触発された下級武士、主に幕府側の人々は明治時代には在野にあって「自由民権運動」を主導し、勤皇側の人々は欧米社会の無秩序さを批判的に受けとめ、権力による統制国家に進んだ。いずれも当時の日本をリードする人々であり、時の権力に依存して生きていた多くの武士たちや農民たちは、下級武士たちがつくった新しい時代の流れに従っているだけであった。当時の下級武士たちの命を張った行動がなければ、現在の日本はないのである。

それでは現代の下級武士である「誇り高き平社員」は、どのような考えで行動をすべきなのか。

福沢諭吉は「各人自ら仕事をして衣食を満たすべし」と述べるとともに、「社会の発展のために人間はすべからく善をおこなえ」と人々に訴える。

西郷隆盛は言う。「命もいらず名もいらず、官位もいらぬ人は始末に困るものなり。この始末に困る人ならでは、艱難をともにして国家の大業をなし得られぬものなり」と。

偉人たちのこの指針を教訓にして、武士の徳目と近代啓蒙思想の自立の精神から学び、自分を律する。そして職場や家庭、趣味や社会的な活動など自分の生活の場を、トータルに充実させる。また知性を不断に身につけ、人格を磨きつづけることだ。

そのことが次第に周囲に影響を与え、結果として二一世紀の日本人の幸せと、アイデンティティを確立するプロセスとなると思う。

労働に埋没するような無益な人生に武士は入りこむべきではない。「武士は食わねど高楊枝」の気高い精神で生きるべきで、その精神をあらゆる場で活かすことが社会的な善であることを知らなくてはいけない。優勝劣敗の職場人生で疲れはてたサラリーマンたちは、現代の下級武士の生き方を凝視するのである。

二人で築く家庭生活

まともな家庭生活を送っているサラリーマンはどれほどいるのか。仕事に没頭して役員まで出世した人。共産党の活動に命をかけてきた人たち。労働運動に一生懸命にたずさわってきた人たち。彼らの多くが家庭を放棄してきた。その結果、妻から離婚をされた人が少なくないのだ。それも役員になったり退職する年齢になって、「おめでとう」の言葉とともに離婚を言われるのである。それまでの長い間、妻の気持ちさえつかめなかった人もいる。

例え離婚にまでいかなくてもいつも離婚の話しが出されたり、妻と心を割って話せなくなったり、子どもから相手にされなくなった人々が私の周りには多い。ごく普通のサラリーマンでも家族をないがしろにして職場人生に没頭しており、家庭生活に喜びや安らぎを感じている人が多いとは思えないのだ。

職場でのストレスを家に持ち帰って妻にあたったり殴ったりする人、浮気をして不満をいやしている人々が夫にも妻にもいる。

戸籍では夫婦であっても、実生活では他人か家政婦と同居しているような家庭生活では、お互いに人生を助け合って生きる男女ではない。そうなれば相手がいると安らぎや幸福感など感じるはずはなく、むしろわずらわしくなる。妻は子どもさえいれば充分なのである。

もちろん夫たるサラリーマンたちが家庭を放棄した仕事や活動をしているから、そのような家庭にしていると、単純に思っているわけではない。相性や人生観、価値観などの違いが心を通わなくしている場合があるし、今まで我慢してきた女性たちが自己主張する時代になってきたこともある。

しかしあまりにも多い、このような状態が私に理解できないのである。どのような結婚をしたのか疑問に思ってしまうのだ。私は結婚して三〇年たっているが、今でも妻に私にない人間としての魅力を感じている。そのために話をしたり一緒にいる時が楽しい。妻も私に同じ感情と思いを持っている。もちろんお互いに短所を持っている。しかしそれ以上に長所に引かれているのである。

私が組合活動に没頭していた若い頃、まだ入行して二年目の女性が私と違う支店で創造的な活動をして、青年婦人部をまとめている話を聞いた。私も独創的な活動をしていたので、妻のほうも私のことを人づてに耳にしていたのだ。ある時偶然に仕事の研修で出会った。研修が終わってから組合での体験と考え方を話しあうと、波長もあい価値観が似ており、一人の人間として自立している魅力を感じたのである。その後すぐに私が北見支店に転勤したこともあって、年に一、二度しか会えないまま三年たって、結婚したわけである。

すでに述べているように私は幼児時代から青年時代まで、まともな家庭生活をしていなかった。そのために私の人生で一番重要なのは家庭で、子どもにも私のような思いはさせたくなかった。私と妻はお互いに隠しごとはなく、話をよくする。相談をして意見が違った場合は、自分の考えや行動の問題点を自問し、決定する。お互いに独立した人間としてそれぞれふるまい、思いやっているのである。

私のすることはほとんど妻の理解を得てきた。感情のすれ違いもたまにはあるが、喧嘩をすることもなく、お互いを支えあってきた。家庭生活とはお互いに協力して建設するもので、一方の命令や決定に一方を従えるものではないのだ。そのためには一方が仕事や活動のために心身を埋没させ、家庭を顧みないような人であれば、家庭生活の共同建設は無理なのである。

企業で出世した者は部下にサラリーマン人生の成功を指導する。共産党や組合の活動をしている人たちは平和や人の役にたつこと、男女の平等、人間の幸せを声高に訴える。しかし自分の家庭が破綻寸前の場合、矛盾を感じないものかと私は不思議に思っていた。言行一致を全ての場で心がけるような生活の営みをすることが、人の上に立つ人間の最低の条件ではないのか。

その違いの大きな人はどんなに出世しても、すばらしいことを訴えても、私としては人として信用できないのである。

しつけと教育

先日、電車のなかで二人の女性が一人の女性の言葉尻をつかまえて、笑いながら頬やお腹を突いていた。顔を見るとやっている者もやられている者もどこか締まらない。

あまりにうるさいのとしつこいので、辞めさせようとして「君たちは中学生?」と聞いた。すると「違う」と言う。「高校生?」と聞くと「専門校」だと返答した。二〇歳前後の年である。

私はあきれてしまい、「そういうことは中学生がやるものとばかり思っていたよ」と言ってしまう。いじめられていた女性は「それ見ろ」と言わんばかりな顔を二人に見せる。すると二人はみんなが見ているにもかかわらず、再びいじめ出した。

一人だと必要な一言さえ言えず、人が声をかけてくれるのを待っている。しかし集団だと周囲の気持ちを顧みることなく大声で話す。このような若い女性たちが多くなった。職場でも自分の顔はきれいに化粧しても、仕事の後始末はしないで放りっぱなしの者が目につく。

その一方で男性たちは口では「根性」を言いながら、叱られると気持ちはたちまち萎える。そして後輩の女性たちからも「君」付されて可愛がられるほど優しい。自分で判断したり決断する勇気はなくなり、上司の指示やマニュアル通りに仕事をすることで安全な道を進むのである。

私が小学生のころは中学生や六年生の男子が、小さい子どもたちを大勢引き連れて一緒に遊んだ。弱いものがいれば面倒を見、守るために身を張った。中学生になったころは学校にはグレた者はいたが、学校友達や弱い者を相手にしないで他校のグレた者と喧嘩をしていた。男性には決断力や勇気が、女性には優しさが求められるのはごく自然と思われていた。

現在の子どもたちの親は戦争と飢餓によって日常的に死を意識した経験や、食うことに精一杯の生活でゆとりのなかった世代であり、家族を放り出して高度経済成長をささえてきたのだ。そしてその人々から生まれ育ったのが、生きることが当然で好き嫌いが許される飽食の時代で、頭でっかちのひ弱な若者たちである。生きる緊張感がまったく相反する世代同士が隣り合ったのである。

家庭生活に父親が不在だと、母親は感情のまま男の子を愛玩動物のように可愛がってしまう。女の子には友達のような感覚で育て、自分の気分をありのままぶつける。また優しすぎる男親は子どもを叩く厳しさを持てない。その上、子どもに一流大学一流企業就職にむけて幼稚園時代から発破をかけ、機嫌をとるために金や物を与える。その結果は女性的な感情を持った意気地無しで甘えん坊な男の子が育ち、野放図で自己中心的な女の子になる。

子どものしつけは軽視されているのである。

男とか女とかに限らず「三つ子の魂、百まで」の格言どうり、しつけこそ人間をつくることを知るべきである。私は自分の二人の子どものしつけを重視し、男親は厳しさを女親は優しさを体験的に教えてきたつもりである。勉強については受験勉強ではなく、物事を探究し考える楽しさを教えてきた。私の思うように育ってきたわけではないが、子どもは自立した精神を身につけていると思っている。

ジョン・ロックは紳士の子どものしつけに触れ、「子どもの精神を気楽に活発に自由にし、しかも同時に彼が心引かれる多くのことを抑制できる」、このようなことを子どもにしつけられたら「教育の真の秘訣を体得した人である」と言っている。三五〇年前の話である。

一五〇年前に科学的教育論を広めたスペンサーはしつけの目的は、「自己を支配する人間を生み出すことで、他人に支配される人間を生み出すことではない」と言う。

自由と抑制、繊細さと豪快さ、権利と義務、優しさと厳しさなどの相反する概念を子どもに体で覚えさせ、そのことによって社会的に自己統制できる人間に育てることが、しつけなのである。そのために親は権威を持って、しつけには冷静でなければならないのだ。

話が少し変わるが日経連が一九六九年（昭和四四年）に、「教育の基本問題にたいする産業界の見解」を出している。その内容は「戦後教育では権利意識が高まり、自己抑制力の乏しい本能肯定主義が生じた。それを是正するためには体育を重視して、集団にたいする訓練、協調性、義務感を養成し、家庭では自己抑制力を徹底して修得させるべき」だと言った。

戦争体験者たちが戦中生まれから戦後の食料難時代に育った我々サラリーマンを、「自由に支配できる」ことを望んだ見解である。

その結果、権威の言われるがまま従う体育会系の新卒者ばかりが入社することになった。経営者たちは「全員参画経営」という企業総動員体制で、玉砕戦法を全従業員に迫ってきた。そしてついにバブルでの醜態を見せたのである。

本当は経営者たちこそ儲けるために本能肯定主義で権利意識が高く、彼らにこそ自己抑制力を徹底して修得させ、社会的な責務を身につけるしつけをしていれば、日本資本主義を破綻させるまでにはいかなかったはずである。

武士の子どものしつけの基本は臆病のくせをつけないで、勇気を持ち信義を守れる子どもに育てることであった。母親は先祖や偉人の話を聞かせ、父親は武士としての道を威厳をもって穏和に教え導く。そのことによって子どもに無理なく名誉心や自発性を育んでいる。

そして空腹や寒さ、暑さ、怪我などに我慢が出来なくて弱音を吐くと、「それでもおまえは武士の子どもか」と親は決めつけていた。これらのしつけに学ばなければいけないのである。

その上で暗記をさせること以上に、物事を知ることや考えること、創造することの楽しさを体験させれば良いのである。そうすれば大学に入っても遊びやバイト、単位取得だけに精を出すことなく、関心ある学問を自分で探究しつづける人間になる。このような人が育つことが日本の将来を明るいものにするのである。

人に役立つ意義

自分の関心のあることをやることが、人や社会の役に立つ。このような人になることを勧めたいのである。私の場合は人権運動、労働組合運動、政治運動、執筆活動と言う具合に、転勤するたびに地域と職場の労働者のため人権擁護や、経営施策問題、サラリーマンの生き方などに力を注いできた。

また地域の自治会の紛争を解決したことも手伝って、役員のなかで一番若い年令だったにもかかわらず、議長を七年間やった経験を持つ。

これらの体験のなかで人々にどのような影響を与えたかと言うと、運動の成果に浴したことよりも、私の自立した誇り高い生き方や民主的で創造的な運動の仕方から、多少は学んでくれたであろうことである。成果は私がいなくなったり一緒に闘った人々が転勤すれば、すぐに奪われる。またその成果に慣れてしまうと、体を張って闘った過去のことは忘れてしまうものである。しかし私という人間の生きざまや運動の仕方、精神は人々の記憶に残り、何かことがあった時には役立てられる教訓になっているのではないかと思っている。

しかしそのことによって最も影響を受けるのは、「情けは人のためならず」で私自身なのだ。自分と家族が生きることや個人的な楽しみだけのために、労働にたずさわっているみじめさから自分を解放して、楽しみながら社会や人々に役に立つ。そのことが自分の存在と生きる喜びを一段高いものにするのだ。そのことは子どもに人間の生き方を伝授することでもある。

ではどのようにして人々に貢献するのか。趣味でも自分個人だけの範囲から人々とのかかわりに広げ、喜びを共有することだ。また個人だけの趣味であればそれを極め、社会的に発表する。そこで一介のサラリーマンが趣味の水準を高められた精神と努力を語ることで、多くの人々のやる気を高める。つまり幸せは自分で追求しなければならない姿勢を教える機会になるのだ。

サラリーマン家族を含めて日本人の自立と精神の自由を促進するために役立つことであれば、どのようなことでも意義深い役割である。

非政府系ボランティア組織での活動、地方自治を発展させるための活動などで、自立したサラリーマンが中心的な役割を負うことの社会的な意義は、相当重要である。それは企業で日々体験している効率的な組織運営のありかたや問題点を、その組織活動のなかで活かすことができ、従来からの依存型の組織運動から自立した民主的な組織運動へ展開させる、精神的な支柱となる必要があるのだ。

人権運動や労働組合運動、住民運動、消費者運動、環境運動など、これから発展させなければならない組織運動は多い。しかし自立の精神をもったリーダーが少ない。自分の能力を発揮できる役割ややりたいことを通じて、あらゆる組織や人々に日本的な自立の精神を持ち込むことが、「誇り高き平社員」の栄えある役割なのだ。その役割を積極的に負うことで、企業内の地位を社会的なステータスとしている今までの常識を覆し、日本人として何が名誉なのかを人々に考えさせることになる。

一人でも多くのサラリーマンが勇気を持って立ち上がり、日本の社会的、歴史的な役割を負える人になってもらいたいものである。

五章　対談「誇り高き平社員」

その一　小磯が仕えた課長と

管理職の立場

小磯　お久しぶりです。お元気ですか？

白井　銀行の子会社で同僚ばかりなので、気楽ですよ。

小磯　銀行のときと比べて処遇はいかがですか？

白井　地位は課長から部長代理へ昇格しましたが、給料は六、七割になっています。でも銀行のときと比べれば、責任の重さや仕事の終わる時間がちがい、精神的には良いですね。六二歳まで働けますから、その点でも……。

小磯　定年前の退職でしょう？　退職金は？

白井　五三歳で銀行を退職しましたが定年までいるよりは、給料が落ちた分程度は上乗せされました。

小磯　銀行にいたときは忙しかったですね。

白井　しかたがないですよ。責任はあるし、それだけ年収も多かったと思います。

小磯　休日も働いていましたね。休んだ気分になれなかったのでは？

白井　キャッシュ・コーナーが動いているわけで、ことが起きると私が出向かなければ解決しないこともありますからね。

小磯　休日出勤手当はなし？

白井　もらえませんよ。管理職としての私の仕事の範ちゅうですからね。渉外の課長たちと比べるとフォローの仕事がメインですから、どうしても顧客や機械にあわせた仕事になる。課長代理や主任に助けてもらわなければならないことも、多かったですよ。

小磯　それも彼らの仕事？

白井　休日出勤のことですか？　本部から指示を受けてやるケースでは、代休を取らせていましたが、突発のことでは食事をおごる程度でね。まあ誰でも出世したいわけだから人事考課でその分なるべくプラス評価をしました。昇格して年収が上げれば充分取り替えすことが出来るわけですから。

小磯　白井さんはご自分の出世について、どのような感想をもっています？

白井　人並みではないのかな。もちろん満足しているわけではないけど、上司との出会いも運ですからね。渉外から事務部門へ移ったときに、経営職への出世はあきらめました。

小磯　人事評価は客観的にできるものですか？

白井　自分が課長として部下を評価する立場になると、人が人を見る目がいかに主観的なのかわかりましたよ。仕事ができる部下より、自分が好感を持てる部下のほうがどうしても評価が甘くなる。また自分ではどうもと思っていても、支店長が買っている部下には目をかけてしまう。

自分にたいする支店長の評価を高めたいという、気持ちが根底にあるからでしょうね。

小磯　支店長が一を言うと、課長が二を感じ取って部下に指示するようなたぐいですか？

白井　二、三年で支店長が替わるわけで、そのたびに支店長の性格や仕事にたいする考えなどをいち早く察知することが、課長として仕事をスムーズにすすめる上で必要です。今まで白が正しいと言っていた支店長から黒と言う支店長に替われば、我々だってその考え方に従わなければならない。それが支店経営にたずさわる課長の役割ですからね。そういう経験を何度か積めば、どうしても支店長に過剰反応してしまう。そのほうが無難ですし、自分の出世にもプラス評価に反映すると思うのです。

小磯　部下もいろいろいて、大変だったでしょう？

白井　私が全体をつかみ、代理と主任と中心的な何人かの女性が仕事の状況や女性たちを把握しておれば、普通の仕事は流れていく。しかし少ない人員ですから一人が何かのトラブルを起こすと、体力が削がれて仕事が滞り別のトラブルの原因となってしまう。このようなことの連続でしたね。

男性は生活がかかっていますからいいですが、女性たちは私に信頼がないとついてきませんから。それだけに気をつかいましたよ。

家庭生活

小磯　ご家庭ではどのような生活ですか？　たしかお子さんは男の子と女の子の二人ですね。

白井　ごく普通の生活でしょう。

小磯　私もごく普通の家庭と思っています。家に帰るのは何時ごろだったのですか？

白井　今は八時頃ですが、当時はいつも一〇時を過ぎていました。それから風呂に入って、食事をして……、寝るのは一二時過ぎですか。

小磯　朝は？

白井　六時前に起きて、六時半過ぎには家を出ていました。

小磯　奥さんも大変ですね。

白井　それが女房の仕事ですから。日中は自由ですよ。

小磯　給料はすべて奥さんに渡しているのですか？

白井　いえ、生活費だけで、金の管理は私がしています。女房はいくら貯えがあるのか知りませんよ。小磯さんは？

小磯　すべて渡して生活費は妻まかせで、後は相談して決めています。どうしてご自分で管理しているのですか？

白井　私が稼いだ金ですし、銀行に勤めているわけですからね。

小磯　お子さんとは普段は会えないでしょう？

白井　私がいないほうが自然のようで、たまの休みに同じ部屋にいると落ち着かないと言ってます。女房も私に気を使うみたいですよ。私と女房と喧嘩をすると、子どもは母親の味方です。

小磯　ほとんど母子家庭同然でしょうからね。

白井　子どもが小さいときには一カ月に一回程度は家庭サービスにつとめましたけど……。

小磯　さびしくないですか？

白井　同僚たちも似たような状態ですし、しかたないですよ。男の人生なんてそんなものかもしれません。私の父もいつも不在でした。

小磯　男は戦場に出て戦い、女は家庭で銃後の守りですね。

小磯への対応

小磯　部下に私がいたことで苦労したこともおありでしょう？
白井　苦労というより気を使いました。
小磯　どのように？
白井　労働問題にうるさい人だからと、赴任する前に支店長から言われていますから。
小磯　支店長は人事部や私が勤めていた前の支店の支店長から、言われているわけですね？
白井　ええ。基本的なことはね。でも具体的にどのようなことをするのかわかりませんから。
小磯　転勤するたびに私の情報が事前に全員に知らされており、一緒に働く係の人には何かしらの指示がされていましたよ。
白井　転勤の情報は流れるのが早いですから。小磯さんの場合には課長会議で支店長から指示が与えられましたから、それが一斉に流れたのでしょうね。
小磯　私がいてやりにくかったですか？
白井　気心を通じたり考えていることを知ってからは、私も支店長も決してやりにくくはなかったですよ。むしろ筋を通して物事をはっきりさせるから、そのことさえ注意して支店経営を進めればいいわけで、一面ではやりやすくなったと思います。

本部からの小磯さんの話とは違って、何でもクレームをつけてくるわけではないし、支店長や課長たちの立場もわかってもらいながら言われるので、納得性があるわけです。

小磯　私も話してわかる人には話しますが、わからない人には人をまとめて実力行使をしてゆくことで、引き下がらせるしかないと思っています。人事部もそのことを配慮した上司を当てているようです。

（このような対談は時間が経たないと出来ないものだ。実際には課長は相当神経を使っていたはずで、私も色々とクレームをつけていた。でもそのことが決してマイナスとばかり捉えていなかったことを知って、ありがたいと思った。人によっては私と顔を会わせることさえ毛嫌いする上司もいる。しかし私が怒鳴った上司でも嫌がらない人もいる。

バブル期に銀行がやったことを考えれば、私の主張のほうが正しかったのである。そのことを考えられる人材が現在の経営陣にどの程度いるのかわからないが、日本の経営陣はまっこうからの批判勢力を嫌うために、中途に経営施策の修正がきかない。それだけにいつ倒産するかわからない時代に入るのである。）

その二　同じ職場の女性行員と

女性の気持

小磯　転勤してどう、慣れた？

大北　なんとかね。

小磯　最近は女性の転勤も多いから。

大北　うちの支店でも先月、転勤して人が減らされたの。

小磯　何の仕事をしているの？

大北　総務と為替を兼任している。仕事も忙しくて大変な上、意地悪な先輩がいて仕事がやりにくい。

小磯　課長や支店長はどうしているの？

大北　知っているけど自分たちのほうが後から転勤してきたので、あたらずさわらず。彼女調子が良いから、役席にはゴマすっているしね。

前の支店のときには転勤して来たばかりの小磯さんが、泣いている人をかばって、主任を怒鳴ったでしょう。あのことがあってから役席が女性に気を配るように変ったのよ。

今の支店ではみんな偉い人に良い子になりたいから、改善しないの。機会を見つけて私がやろうかと思っているんだけどね。

小磯　支店長や副支店長たちは末端の経営者なんだけど、銀行に入ってから上司の言われるがままに働いてきたから、人権とか労働法について無視する人が多いんだよ。

大北　そういえば、小磯さん、常務や支店長、副支店長にも抗議していたわね？

小磯　黙っていれば人権を無視しつづけることになるので、明白な問題は抗議していたんだ。

大北　人権とか権利とか言っても、私だって詳しくは知らないもの。

話が違うけど私、銀行を辞めるかもしれない。

小磯　どうして？

大北　日中は間違わないようにと神経をすり減らし、帰りは遅いし。その上法定時間を守るために、時間外は相当減らしてつけなければならないし。やせちゃった……。

小磯　え、その体で？

大北　嘘。私はストレスがたまると食べるから、太るの。

普段の生活は銀行の仕事以外何もないのよ。このままじゃ彼氏だって出来ないし、勉強しているフランス語も話せないまま終わりそうだし……。袋小路に迷いこんでしまったみたい。どう思う?

小磯　大北さんは英語が話せるんだね?

大北　学生時代に英語塾でバイトをやっていた程度。単語を並べて話せるかな。

実はその時知り合った先輩が英語の塾を開いているんだけど、経理を手伝ってくれないかという話があるの。給料は相当落ちるけど、精神的な自由と時間は確保できる。家の近くだから通勤も近いし……。

小磯　良い話じゃない。銀行には何年いるの?

大北　もう七年よ。誰か良い人いないかしら?

小磯　僕ならどう?

大北　……奥さんに叱られるよ。でも頼り甲斐があって奥さんも幸せだろうな。

小磯　そんなことはない。家ではいつもイジイジして、妻に叱られている。

大北　嘘だ。家でも面白いんでしょう?

小磯　楽しくて、時にはうるさい親父というところかな。渉外や融資の男性はどう?

大北　どこの支店に行っても同じね。上司の顔色を伺ってばかり。課題が多くてこなせないから、いつも叱られているみたい。自信がないのよ。課長だって支店長に怒られているもん。

小磯　彼らは結婚相手としてどう？

大北　優しい人もいるけれど、将来の生活が想像できて私にはチョットね。

一緒に仕事をして

小磯　僕と一緒に仕事をしていた時はどんな感じだった。

大北　小磯さんが職場にいるだけでも、雰囲気がちがうのよ。課長たちが小磯さんに気を使っているから、部下にうるさく言えないし、女性たちは何かあったら相談する人がいると思えるだけでも気休めになる。苛々したら小磯さんのところへ行けば、面白くて気が晴れる人が多いのよ。

小磯　そんなこと言われてうれしいね。今日はご馳走するから遠慮しないでよ。

大北　大衆酒場でなくて、フランス料理でおごって下さい。

小磯　高い値段の料理は僕の体が拒絶反応をおこすんだ。

大北　（笑う）まあ仕方ないか。

小磯さんが休みの日には多くの女性が何となく気になるの。もちろん仕事を気楽に手早く手伝ってくれることもあるけど。ほかの男の人はもったいぶって手伝うから、嫌よ。

小磯　僕はいつも早く帰っていた。

大北　私たちとは別の存在の人って感じだから、当たり前って思っていた。むしろ早く帰ってくれたから、私たちも早く帰る雰囲気になっていたのかもしれない。

今の支店に来てくれたら変わるんだけどな。

小磯　若い男性たちは僕についてどのように思っていたの？

大北　普通の人とは別格で、近づきがたかった人も多かったようね。だって小磯さんは男の人には厳しかったでしょう？

小磯　新人や素直にわからないことを認める人には優しいけど、銀行に入って何年も経っている男や役席がいいかげんな仕事をしたり、自分勝手な押しつけをすると放っておけないんだ。彼らは出世したいのだから、平行員の僕より仕事を知っていて当たり前で、人格的にも優れていなければいけないという思いだ。

支店長になった人だっていいかげんな男が少なくないから、頭にくることがある。地位が上の者が人事評価するより、下の者が評価したほうが客観的だよ。

大北　確かに大勢の部下が嫌っている課長なのに、支店長の評価が高いことがあるものね。でも小磯さんは今のままで銀行にいてくれたほうが、女性たちには助かると思う。

（女性はいざとなれば果敢に闘えるが、男性は死ぬ思いをしても立ち上がれないという経験を、私は若い頃にしている。そのためにどうしても男性には厳しく、女性を大切にする気持ちが出てくるのである。しかし自分勝手な女性には私は厳しい。

高年齢で平社員であることは一般的には仕事ができないとか、変わっているとか見られるが、私のような生き方が理解されれば、相当の信頼を得られる。そういう意味で、私は職場で人々に勇気と自立の精神を教えられた存在だった思いがある。）

その三

妻と語る平社員生活

夫と連れ添って

小磯　僕と結婚してどうだった？

妻　よかった。私は生活が苦しいのはどうにでもなるけど、精神的な自由や主体性を拘束されるのは嫌なの。そこを認めてもらって、自由にさせてもらってきた。

小磯　僕も同じで、精神的な拘束が一番苦手だ。

どうして僕と結婚しようと思ったの？

妻　独身のころ職場の男の人を見ていると上の人にペコペコして、言いたいことも言えないし、やりたいことも我慢している人がほとんど。そんな人ほど女の人には無理ばっかり言ってきた。そんな男らしくない人が嫌だった。

ところがあなたは深いところでものごとを考え、筋を通す人だったの。

結婚してから、自分の思うことを実現するために一生懸命努力する人だとわかって、尊敬するようになったわ。私には真似ができないもの。

小磯　おもしろい人であったことも、独身時代はそんなに知らなかった。結婚して、二月に東京から北見に来たときはどうだった？

妻　寒いというより凍る感じで、道ですべって何度もころんだな……。みんなに心配してもらって、優しい人が多かった。

小磯　転勤して北見を離れるときには、平日でも七、八〇人の人が駅に送りに来てくれたね。次の支店ではどんな思い出がある？

妻　職場の女性たちが四人、夜の一〇時過ぎに突然家に来たときは驚いた。切羽詰っていたのね。転勤して三カ月程度してからよね？

小磯　北見の時と同じように支店長は女性を辞めさせるために、いじめていたからな。

妻　地元の若い人がいつも家に来て、お父さんも情熱的だった。

小磯　子どもが生まれて小さかったから、お母さんはたいへんだったね。

妻　経済的には苦しかった。

小磯　結婚する前に必要があって、親に僕の持ち金全てを渡してしまったからね。結婚費用はほとんどお母さんが持ってくれたんだよ。

妻　新婚旅行ができなかったけど、楽しい思い出だな。

小磯　本当だ。

妻　共産党の上級とはいつも意見が合わなくて、激論ばかりしていたわね。

小磯　理論と実践がバラバラで、僕には理解できないことばかりだったな。

苦悩からの脱出

妻　その次の支店では最初の課長がひどく、地獄みたいだったね。

小磯　北見の支店長もそうだったけれど、あんな欠陥銀行員がいるとは驚いてしまった。

妻　心身ともぼろぼろで、いつ辞めても仕方ないと思っていたのよ。

小磯　銀行経営に社会的な大ダメージを与え、課長を退職に追い込んで辞めたかった。

妻　その気持ちが告発運動になったの？

小磯　それもあるけど、共産党の独占資本での「深く静かに潜行する」理論と「一人が百歩すすむより、百人が一歩すすむ」ことを絶対視する考えを、克服したことが決め手になったね。数人の人たちがすでに自分の差別賃金を是正させるために、立ち上がっていたから、勇気をもって立ち向かえたよ。

妻　その後は元の夫に戻って、情熱的にいろいろなことをしだした。でもあの暗い時間があったから、その後の行動が堂々とできるようになったのじゃない？

小磯　確かに反面教師として学んだ。徹底してやってくる者には容赦なくやり返す以外、なめられることを体で知ったよ。

妻　数人での告発運動では次第に激しくなって、大分苦しんでいたわ。

小磯　行動的な人はどうしても自己顕示欲が強く、その人を満足させるために激しくなってゆくように思えて……。

妻　お父さんは一人でやるか、自分が中心になってまとめる組織であればうまくゆくのよ。人を押しのけてまで自分を押し出す人ではないし、個性や創造性が人以上にあるお父さんの能力を活かせる人もいないしね。

何よりもバランス感覚がすぐれているわよ。

小磯　物事は極端であればいずれ反動があるから、押さえ気味のほうがうまくゆく。

妻　『富士銀行行員の記録』には驚かされた。あんなにマスコミの取材があるとは思わなかった。外国のテレビ局や新聞記者、学者まで家に来るんだもの。

小磯　ヨーロッパから電話がかかってきたからね。英会話を勉強していなかったことを後悔したよ。

妻　日本のマスコミとは違って、紳士的な取材だったね。
小磯　日本的経営の何たるかと、僕の生き方を均等に記事にしている。フェアーだったな。
妻　「小磯さんはほかの日本人と比べ、自分の意見をはっきりと言う」と言っていたわね。
小磯　「日本の企業に武士がいた」と驚いていた人がいたよ。

家族とともに

小磯　生活は苦しくなかった？
妻　子どもが生まれた頃以外はそんなことはなかった。私はおしゃれに関心がないし、生協とかＰＴＡとか保育など、目的がなくて人と群れることが好きでないから、見栄を張ることも嫌いだしね。だからあまり出費することもないのよ。
　教育費も子どもがやりたいと言った習い事だけだったから、人と比べたらすごく少ない。
小磯　子どもの教育に支障はなかったのかなあ？
妻　二人とも学校で学ぶ勉強は理解していたわよ。それより家では親子の会話が非常に多いから、子どもは親から色々と学んだみたい。
小磯　子どもが欲しがるものも、簡単には与えなかったしね。

妻　我慢することを知ったと思う。

小磯　土地と家を購入するのにも、大変だったね。

妻　一〇人の相続人が全国に散らばっている仮換地を安く買って、モデルハウスとして安く家を建ててもらったけど、手続きが大変だった。

小磯　無理した借金は平社員の自由を失うから……。

妻　インフレが続いていた時代だから可能だったのかもね。

小磯　僕が平社員であることが引け目に感じなかったかな？

妻　私は家のことを人に話すことをしないから。でも出版した本がベストセラーになってしまってからは、堂々と「主人は平社員」って言っているわよ。

子ども達は父親の生き方に一目置いているからね。

小磯　僕がここまでやってこれたのも支えてくれたお母さんがいたからで、とても感謝しているよ。これからもいろいろあると思うけど、よろしくお願いしますね。

妻　体を大切にしながら、充実した生活を送って下さい。私に役に立つことがあれば、応援します。

小磯　ありがとう。

（人が身につける資質は遺伝と小さい時の親のしつけ、体験にある。私の父親は我が家が坂東武者の血を引いていることを誇りにしている、洋服仕立て職人である。このことも私がプライドが高い人間になった理由の一つではなかったかと、思っている。妻の父親は大手の電機メーカーで職人的な技術を誇りにしていた人だった。妻にしろ子どもにしろ、私の家族はプライドが高い。

そのため家族がそろって討論をすると激論になる。子ども達がものごとを深く考え、主体的に判断した生き方と納得した仕事についていることがよくわかる。我が家の精神は確実に引き継がれているのだ。）

その四　若きサラリーマンの職業観

仕事と将来の夢

小磯　若いサラリーマンを代表して、君に職業感を聞きたいんだが……
貿易会社に入って二年過ぎたんだね？

毛利　ええ。

小磯　仕事は楽しい？

毛利　楽しい時もあれば、嫌な時もあります。

小磯　どういう時？

毛利　自分に仕事を任されている時はやりがいがあって楽しいんだけれど、上司に指示を仰ぎながらやる仕事ばかりだと、嫌になりますよ。

小磯　まだ若いから、しかたないんじゃないかな。

毛利　あるメーカーに勤めている友人も同じで、会社を辞めたいってこぼしています。でもどんな仕事につけば良いのかわからないって、ぼやいていました。

小磯　毎日楽しい人もいるの？

毛利　大学院をでた友人は特殊な技術を身につけていたので、入社してから数カ月で仕事を任され、今では仕事にはまり込んでいますよ。でも彼女が出来ない状態だって、嘆いてもいます。

　私と同じ会社に勤めていた先輩も会社を辞めて、まるっきり違う老人介護の仕事についているのですが、自分の判断でする仕事がほとんどで、責任感があって充実していると言っていました。

小磯　色々な友人がいるんだね。

毛利　大学を出てまだ定職につかない友人もいます。人に使われることに不安を強く感じているようです。

小磯　君はどうして貿易関係の会社を選んだの？

毛利　ノウハウを覚えて、将来は自分で貿易の商売をやりたいんです。

小磯　大企業の役員になりたい人なんか、多いんじゃない？

毛利　銀行に入った友人は役員になりたい夢を持っていましたが、先月に退職してしまいました。仕事がハードで人間関係も殺伐としていることに、嫌気がさしたって言っていました。大学院に入るらしいです。

出世したい人もいますが充実した仕事をして、私生活も楽しむことを両立させたい友人のほうが多いと思います。

小磯　創造とか個性とかが大切だって企業はいっているけど、働いていて実際どう？

毛利　……むしろあまり強いとみんなとの仕事の調和が取れなく、嫌がられる心配のほうがあります。そういう先輩がいますよ。

小磯　今の若い人は学校で、自己主張したり個性を発揮する生活をしてきたの？

毛利　小学校では陸上で走るのが早い奴、中学校ではそれに加えて勉強ができる奴と不良。このような人がクラスで個性が認められたけど、そのほかはあまり目立つと仲間外れにされるので、親しい友達にしか話していなかった。

労働問題への対応

小磯　仕事の終わる時間は遅いの？

毛利　平均して八時半ごろかな。仕事よりは上司や先輩が帰らないから帰れない状態ですよ。

小磯　残業手当はきちんともらっている？
毛利　いえ。一カ月二〇時間と決まっています。
小磯　不満じゃない？
毛利　しかたがないですよ。それより平日に自分の時間がほとんどないことが不満です。
小磯　組合は？
毛利　ありますけど……。マイナーな存在ですね。
小磯　会社とトラブったら、どうするの？
毛利　一通り主張して、それでも駄目なら辞めます。
小磯　でも、結婚して子どもがいたら、そう簡単に辞められないよ。
毛利　我慢するか、憲法など読んで闘うか……。その時になってみないとわからない。
　それよりは自分にノウハウや資格をはやく蓄積して、いつ辞めても良い状態にしたい。
小磯　「誇り高い平社員」として生きることをどう思う？
毛利　年齢が高くなると平社員というのはマイナス・イメージで、無能と思われやすいです。
　ですからもし私が将来ともサラリーマンとして働くとしたら、人並みの出世程度はしたいです。
小磯　これからの時代は競争が激しくて、能力と実績がないとなかなか出世しない。

毛利　そうですね。確かに中途半端な気持ちではやって行けなくなる。

結婚観

小磯　彼女はいる？

毛利　ええ。

小磯　結婚をするつもり？

毛利　はい。

小磯　どんな人なの？

毛利　学生時代に知り合い、私が事業をしたいことを理解しており、その時は支えてくれそうな人です。

小磯　一般的に今の若い人が結婚相手に求めるものは何なのかな。

毛利　友達として相談相手にもなれる人かな……。

小磯　女性に「俺についてこい」なんて友達はいない？

毛利　いないですね。結婚すればどうなるかわかりませんが。

小磯　私が勤めている銀行では一緒に入行した四歳年上の男に女性が、「君」付けして呼んでいるよ。男はその女性に「さん」付け。

毛利　学校からずっとそうですから、別にみんな気にしていません。

（私の若い時代と大きく違っていることは精神的にハングリーでないことだ。そのために話をしていても「とりあえず」の精神があって、内面からの気迫が伝わってこないのである。変わっていないことは受け身のサラリーマン生活で、若いのにかかわらず組織からはみ出さないように、気配りをしていることである。

「誇り高い平社員人生」を話すことを躊躇するほど、精神的な乖離を感じてしまった。若いサラリーマン達は二一世紀の競争社会では、闘うよりは逃げる道を選ぶのではないか。これからの企業の労働問題は資本主義初頭のように、優秀な労働力をいかに逃さないで止めておけるか、になるのではないかと思った。）

最後に――「誇り高き平社員友の会」への誘い

この本で私が述べていることを実現するためには、自然のまま放置するよりは研究機関を設けて、日本の自由資本主義社会の動きとサラリーマンたちの状況を把握する。そして「誇り高き平社員」としての人生を選択した、自立した人々の役に立つ必要性を感じたのです。

・そのために私の個人的な研究機関として、「小磯平社員ライフ研究所」を設立することにしました。この研究所では「誇り高き平社員友の会」を傘下につくって、全国の誇り高い平社員の人々に入会してもらい、お互いに職場や生活での体験を学びあい、支えあえるようにしたいと考えました。

・また日本人、なかんずくサラリーマンが自立する現代史的な意義など、「友の会」に集まった人々の関心ある課題について、各界で活躍している人から話を聞くこともしたいと思います。・そして研究所や「友の会」としては個別の活動にはかかわりませんが、会員各人が社会的な活動や人に役立つことにも、精神的な支援を送りたいと思います。

・「誇り高き平社員友の会」の運営にあたって、会員同志はお互いに相手を尊重する立場にたって、自分の意見を押しつけないことが必要です。
・全国的な組織になった場合は、各支部をつくりそこを単位にして運動をすすめますが、支部間の会員同志の経験交流や学習会などの参加、個人的な交流を積極的なものにしたいと思っています。
・そして研究所が発行する雑誌もしくは機関紙『誇り高き平社員』によって、平社員としての職場や家庭での生活、趣味、人に役立つ活動など全国の「友の会」のメンバーのいろいろな体験や意見、企業経営や労働環境の変化、人類の歴史的な教訓などバラエティーに富んだ内容を掲載し、それを購読してもらいます。そのために編集や企画にあたっては「友の会」の皆様からの支援をあおぎたいと思います。
・また「友の会」の仲間同志や家族も含めた行楽なども企画したいと思っています。
・研究所では自立したサラリーマンを増やすための、社会的な影響を考えた活動を多面的におこないたいと考えております。
・そして意義に賛成する様々な人々に「小磯平社員ライフ研究所」の賛助会員となってもらい、アドバイスや支援をあおぎたいとも考えております。なるべく、かつては「誇り高き平社員」として生活し、現在は事業にたずさわっていたり、研究者や弁護士などとして社会的な役割を担っている人の参加を多く募りたいと思います。

概略このような企画で実施したいと考えていますが、「友の会」への参加状態によって当面の運動の展開の仕方や会費などが決まってきます。そのために具体的な内容をここで発表できる状態ではありません。

もしこの本を読んで趣旨に賛成していただけ、「誇り高き平社員友の会」に参加を希望してくださる方は、「住所、電話やＦＡＸ番号、氏名、年令、勤務先」を書いて「小磯平社員ライフ研究所」に、「誇り高き平社員友の会」入会申し込みについてＦＡＸして下さい。人数などの「友の会」の規模の程度をつかみ次第、申し込み書を含み詳細についてお送りいたします。

またホーム・ページにも詳細を書いておきますので、パソコンをお持ちの方はアクセスしてみて下さい。なお日中は平社員として働いておりますので、研究所には不在です。

最後になりましたが、花伝社の平田勝様には、本書の出版のチャンスとアドバイスをいただき心より感謝しております。ありがとうございました。

小磯平社員ライフ研究所
ＦＡＸ　〇四七一（六〇）六一五一
ホームページ
http://homepage1.nifty.com/koiso-hiraken/

小磯　彰夫（こいそ　あきお）

1942 年　満州チチハルにて誕生
1960 年　富士銀行に就職
1966 年　法政大学Ⅱ部卒業。銀行から現金を泥棒したと疑われて以降、職場の権利擁護運動に没頭する。
1983 年より
『現場からの職場案内』（共著　有斐閣）
『女たちの衝撃』（共著　学陽書房）
『富士銀行行員の記録』（晩聲社）
『銀行はどうなっているか』（晩聲社）
『喜劇、金だ！出世だ！サラリーマンだ！』（晩聲社）
『日本的経営の崩壊』（三一書房）
『日本を問う、日本に問う』（岩波書店）にてロナルド・ドーア氏と対談
『男 40 代を正面から生きる』（講談社）にて、滝田誠一郎氏が紹介
その他、『月刊現代』『世界』などへの掲載多数
2000 年 6 月富士銀行勤務中

誇り高き平社員人生のすすめ

2000 年 6 月 25 日　初版第 1 刷発行

著者 ―― 小磯彰夫
発行者 ― 平田　勝
発行 ―― 花伝社
発売 ―― 共栄書房
〒101-0065　東京都千代田区西神田 2-7-6 川合ビル
電話　03-3263-3813
FAX　03-3239-8272
E-mail　kadensha@muf.biglobe.ne.jp
振替 ―― 00140-6-59661
装幀 ―― 天野　誠
カバー絵 ― 吉間ユカリ
印刷 ―― 中央精版印刷株式会社

ISBN4-7634-0356-7　C0036